Amadou N'Golo Coulibaly

La citation selon la situation Tome XII

Amadou N'Golo Coulibaly

La citation selon la situation Tome XII

La citation selon la situation tome XII est une compilation de citations thématiques basées sur la réalité sociale

Éditions Vie

Imprint
Any brand names and product names mentioned in this book are subject to trademark, brand or patent protection and are trademarks or registered trademarks of their respective holders. The use of brand names, product names, common names, trade names, product descriptions etc. even without a particular marking in this work is in no way to be construed to mean that such names may be regarded as unrestricted in respect of trademark and brand protection legislation and could thus be used by anyone.

Cover image: www.ingimage.com

Publisher:
Éditions Vie
is a trademark of
Dodo Books Indian Ocean Ltd. and OmniScriptum S.R.L publishing group

120 High Road, East Finchley, London, N2 9ED, United Kingdom
Str. Armeneasca 28/1, office 1, Chisinau MD-2012, Republic of Moldova, Europe
Printed at: see last page
ISBN: 978-613-9-59520-4

La citation selon la situation

TOME XII

Une Œuvre conçu et Présenté par

Mr AMADOU N'GOLO COULIBALY

SOCIOLOGUE

Téléphone :
+22379186226 /+22362719431

E-MAIL :amadoucoulibalibaly@gmail.com

AUTEUR : Amadou N'Golo Coulibaly

Avant-propos

Le présent ouvrage intitulé la citation selon la situation Tome XII est une compilation de citations thématiques basées sur la réalité sociale. Il expose l'intérêt chez l'humain tout en se plongeant dans la profondeur de l'imagination en apportant de réponses diverses et variées par rapport aux multiples variances de l'existence sociale en fonction de circonstances et les différentes façons selon lesquelles peuvent se présenter l'intérêt humain par rapport à divers intérêts la citation selon la situation cherche à situer au mieux la lucidité sur le jugement de l'individu aspiré par l'atteinte d'un développement radieux de son existence matérielle et immatérielle. Nous contribuons par-là à exposer les différents états d'âmes qui peuvent être le nôtre par rapport à la quête de nos intérêts vitaux, de la connaissance à l'ignorance, de la vie à la mort de l'intelligence à l'inintelligence…l'auteur cherche à comprendre autrement la réalité sociale pensée par l'autre, par la société différemment de son imagination à soi. Ainsi il se pose la question en vue de cheminer vers la solution adéquate faisant le jugement certain sur la réalité à cheval entre la perception de l'individu dans une dimension interne celle de la société en fin les deux perceptions comparées à celle de la réalité, la marge de l'adage est un ouvrage dans lequel nous retrouvons l'expression de la recherche d'une satisfaction profondément continuelle par rapport à la réalité de leur position sur la compréhension de la vie générale laquelle les individus incarnent tous. La citation selon la solution est une œuvre philosophique qui incarne une portée hautement symbolique quant à l'accompagnement de l'individu en vue de mieux faire face aux défis de questionnements que suscite la volonté de savoir qui conduit à l'espoir de la victoire chez soi en vue de déboucher sur de réponses libératrices dans son espérance à l'instar de toute œuvre engagée pour la promotion de la largesse spirituelle humaine. Ledit ouvrage nous assiste pour l'enrichissement de l'horizon intellectuel humain en lui permettant de s'élargir mentalement, efficacement en vue de s'assumer cela dit la quête permanente de la satisfaction chez l'individu étant un processus illimité l'apport intellectuel de l'auteur se limite au rang d'une contribution repère sujet à l'erreur mais qui s'efforce au mieux à coordonner la volonté ouvrière de l'individu par rapport au raffermissement de sa capacité intellectuelle. La citation selon la situation situe l'individu devant la nécessité de faire la part des choses en sachant certainement que seule une appréciation profondément justifiée de la vie sociale, de l'existence de l'individu touchant la dimension physique et psychologique de son existence dans la durée sachant qu'il demeure sujet à l'erreur à jamais l'appui utilement, concernant l'organisation sociale à grande ou à petite échelle une recherche constante de la maturité est celle qui profite à notre personnalité puis l'assainie en terme de qualité dans le temps et l'espace au rang des efforts intellectuels engagés à l'encontre de l'essor du tort le geste intellectuel qui résulte de l'orientation idéologique de l'auteur de la citation selon la situation contribue justement à mieux comprendre en vue de nous édifier sur la faiblesse ou la grandeur méthodologique de différentes démarches intellectuelles que nous individus adoptions pour que nous gagnions face au défi constant de la perte que nous affrontions en réalité dans la vie.

CHAPITRE I

TITRE DE NIVEAU I

L'individu dans son imagination dans la société : La connaissance et l'ignorance, l'intelligence, l'inintelligence et l'imagination, le problème et la solution, la vie et la mort, la maladie et la guérison, le temps la nature et l'espace, le travail et le chômage, l'honneur et le déshonneur

CHAPITRE II

TITRE DE NIVEAU II

L'individu dans son imagination dans la société : La justice et l'injustice, l'amour et le désamour, la réussite et l'échec, la paix et la guerre

TABLE DES MATIERES

CHAPITRE I

TITRE DE NIVEAU I

LA CONNAISSANCE ET L'IGNORANCE

« La culture assure l'ouverture partout où elle concorde avec la droiture » (La culture est une source d'ouverture lorsqu'elle concorde avec la droiture). « A défaut de se prendre en charge, tâchons de ne pas être une charge pour les autres » (Il importe en toute connaissance pour l'individu éclairé de savoir bien se prendre en charge au mieux puis de venir au secours aux uns et aux autres). « On n'est jamais engagé pour ne pas gagner » (L'individu s'engage pour gagner selon sa connaissance). « Quand on ne se compte pas ce sur quoi l'on compte est justement ce qui ne signifie rien » (Quand on se trompe de compte, c'est qu'on s'appuie sur le compte de l'erreur). « C'est quand c'est sûr que pire nous demande de fuir » (La négativité nous demande de fuir la positivité). « Celui qui sait compter sur le mal se fait coincer par le mal » (Le mal, sinon l'ignorance nous trompe de solution et non ne nous oriente). « La faveur est pour le connaisseur dans la mesure où il s'oppose à l'erreur » (L'opposition à l'erreur par le connaisseur fait en sorte qu'il s'épanouisse). « Quand la connaissance ne nous oriente pas bien, alors on se demande ce qui va nous orienter efficacement? Pareillement l'on se demande si l'ignorance ne nous désoriente pas mal qu'est ce qui va nous désorienter ? Quand l'autre est c'est que la différence est » (La différence est question de réalité ainsi les choses sont différentes en réalités). « On est condamné à connaitre pour ne pas être condamné par l'ignorance, pour l'apprentissage, le gage, le courage, la volonté jouent un rôle éminent, ce n'est nullement pas dans l'erreur que la connaissance s'acquière » (La connaissance nous ne l'obtenons pas dans l'ignorance mais plutôt en la promouvant). « La vérité est futée raison pour laquelle elle sait bien lutter, comme arme de défense la connaissance assure l'abondance, s'instruire d'abord, combattre ensuite pour ne pas s'abattre » (La vérité nous donne un avantage précieux par rapport à notre épanouissement dans la vie dans la mesure où nous acceptons d'apprendre pour comprendre). « Au lieu de combattre la connaissance, plutôt connaissons pour combattre ainsi on saura bien entreprendre » (La bonne entreprise dans la vie nous permet de se baser sur la solution de la connaissance pour s'engager). « C'est dans la lumière que nous gagnions de la hauteur ainsi la connaissance est le moteur de l'abondance » (L'abondance, l'amélioration de la condition vitale humaine passe par le socle de la connaissance). « Outre la raison la précision c'est la solution » (La raison c'est la solution en toute précision). « Pour qu'il n'accule le calcul se doit-être utile » (Bien utile le calcul rassure). « Quand le savoir nous enchaine en quoi l'ignorance nous libère-t-elle ; celui qui croit pouvoir se libérer de la connaissance s'enchaine bien dans l'ignorance » (La différence prouve certainement que la connaissance et l'ignorance sont différentes). « Quand l'ignorance nous arrange c'est qu'on ne s'arrange pas dans l'existence » (L'ignorance n'arrange pas celui qui s'arrange car seule la connaissance nous ouvre la voie à la réussite certaine). « On n'apprend pas pour désapprendre » (Quand on apprend c'est pour bien se cultiver). « Au dépend de ce dont-il apprend, par endroit le savant se défend, l'argument du savoir constitue l'espoir pour le connaisseur » (Le savant connaisseur utilise l'argument de la connaissance pour s'assumer dans sa démarche vitale). « Quand la connaissance nous menace c'est au moment où l'ignorance nous dépasse » (Là où l'ignorance nous dépasse la connaissance nous dérange parce qu'on ne la juge pas en sa juste valeur). « C'est bien parce que la connaissance ne ment pas que le mensonge ne fait pas connaitre » (Le mensonge ne fait pas connaitre dans la mesure où la connaissance ne ment pas). « Dans la vie en toute connaissance c'est en travaillant qu'on est gagnant » (Le travail assure la victoire humaine de façon certaine dans la vie si nous la raisonnons). « En toute connaissance c'est vaillant qu'on se place devant, et c'est en travaillant qu'on devienne vaillant » (Le travail rend vaillant, ainsi vaillant on réussit). « Si ce n'est s'enchainé sans pour autant le savoir de quoi d'autre avons-nous besoin pour se libérer hormis le travail raisonnable ? » (Le travail est une assise importante pour l'individu en vue de se libérer dans la vie). « C'est en connaissant qu'on est gagnant » (La suffisance est dans la connaissance certaine pour l'humain). « Le savant n'est pas celui qui ne se trompe pas de connaissance mais plutôt celui qui ne trompe pas avec la connaissance : plus l'on se croit savant moins l'on est, moins l'on se croit savant plus l'on est » (Le savant ne s'ignore pas limité, humble il s'améliore éternellement). « On est vaillant qu'en travaillant » (La connaissance démontre la vaillance de l'individu partant de son travail). « En toute connaissance d'une part le grand échec n'est pas de tenter pour ne pas arriver mais plutôt arriver au point de ne plus tenter » (Moins on est courageux plus on se laisse dépasser par l'échec une fois nécessaire de continuer l'aventure ne cédons pas face à l'échec). « Sans bon sens la connaissance n'a pas de sens, sans bon sens la connaissance engendre de la nuisance » (La nuisance est dans le chemin de la connaissance ratée). « Face à l'erreur le connaisseur sait que faire » (La connaissance éclaire le connaisseur ce qui lui différencie de l'ignorant). « La clé de la connaissance est également la clé de la vie » (La clé qui nous permet de connaitre nous sert bien à faire face aux défis de la vie). « Tant que l'existence sera, la connaissance sera pour la soutenir aussi longtemps que nous vivrons nous apprendrons, connaitrons puis nous supporterons » (La connaissance est un support existentiel cela dit l'individu a besoin d'apprendre pour bien s'épanouir dans la vie). « Comment peut-on connaitre sans être ? Soyons d'abord puis apprenons ensuite, celui qui n'a pas conscience de son existence ne peut pas apprendre de ses expériences » (Nous n'apprenons pas de notre existence n'ayant pas conscience la concernant). « Ce que la connaissance nous fasse perdre n'était pas fait pour gagner, c'est parce qu'elle se dresse contre la perte, que la connaissance nous fasse bien gagner une fois positivement pensée » (La connaissance nous aide à surmonter les défis de la perte une fois bien pensée). « Croire à l'existence c'est aussi croire à la connaissance car sans connaissance comment allons-nous cerner l'existence » (La connaissance est un moyen efficace pour promouvoir l'épanouissement multiformes de l'individu dans la vie). « Bien sûr qu'on profite de la connaissance quand on connait ce qui nous profite puis s'en approprie » (L'individu qui s'approprie de ce qui lui profite en toute connaissance en tire profit de son choix).

« La connaissance est une réalité qui profite normalement à la personnalité, faisons notre la cause de la connaissance ainsi nous triompherons en toute aisance » (La cause de la connaissance en est une qui permet à l'humain de triompher avec aisance dans la vie). « Quand il ne nous manque pas la volonté de connaitre on peut bien ignorer quelque chose, l'essentiel est de ne pas ignorer que nous ignorions la chose en question, pour l'humain la conscience de sa limite en soi prépare son mérite en droit » (Il est mieux de se rendre compte de sa faiblesse pour éviter à ce qu'on se blesse, une ignorance reconnue nous ouvre sur la voie de la connaissance si notre volonté est d'apprendre). « La connaissance nous fera perdre tout ce que l'ignorance nous fait gagner » (L'ignorance est bien limitée par rapport à la connaissance ne pas le savoir c'est bien se mettre en retard). « Celui qui ne se soucie pas de l'ignorance est ignorant dans son souci ainsi nuit à sa survie » (Nous nuisons à notre existence ne sachant pas bien nous orienter dans la vie). « C'est bien ignorant qu'on se mente » (L'ignorance nous ment en réalité). « L'incohérence ne fait pas la connaissance mais la cohérence oui voilà pourquoi la confiance en l'ignorance n'engendre autre que la déchéance dans l'existence » (La confiance en l'ignorance ne nous profite pas parce qu'incohérente dans sa logique). « C'est bien savant qu'on est évident » (Le savoir c'est l'évidence). « A part qu'elle éclaire tout ce qui se dit autour de la connaissance est non-sens, comparée à l'ignorance la connaissance est toujours ascendante » (L'ascendance appartient à la connaissance comparativement à l'ignorance). « Il n'est pas ignorant d'être ignorant mais ne pas se savoir ignorant oui » (L'individu qui ne se sait pas ignorant tombe dans le gouffre de l'ignorance s'enfonce davantage). « C'est bien se mentir sur l'ignorance que de penser que l'ignorance ne nous mente pas » (L'ignorance ne rassure nullement pas, partant d'une analyse objective de la réalité nous nous rendons compte). « Le grand ignorant n'est pas celui qui se sait ignorant mais plutôt celui qui ignore ce dont-il sait, certes on peut se tromper de connaissance cependant on ne peut pas tromper la connaissance » (L'ignorance nous expose par rapport à la connaissance montre ainsi notre faiblesse). « Par rapport à la connaissance il est certain que l'ignorance est menaçante » (L'ignorance nous dessert plutôt que ne nous serve). « L'ignorance est bien une réalité cependant elle n'est pas la réalité » (La réalité n'est pas l'ignorance sachant que l'ignorance est une réalité à part). « La philosophie de la connaissance se dresse bienveillamment contre la pédagogie de l'ignorance cela dit nullement nous ne saurons confondre vérité et mensonge pareillement connaissance et ignorance » (La connaissance part de la philosophie de la distinction de la réalité de l'irréalité). « C'est bien futée que se savoure la liberté, ainsi la connaissance profite à la suffisance, celui qui nous aide à nous instruire nous aide à réussir à vivre la liberté certaine » (L'aide au développement se passe par la formation de ressources humaines). « C'est bien de savoir que le savoir n'engendre point de désespoir une fois qu'il ne nous empêche pas de bien voir, vouloir pour pouvoir » (Partant du savoir nous attendons de l'espoir au mieux). « Celui qui n'a pas connaissance de sa limite sera bien limité dans sa connaissance » (L'importance majeure de la connaissance est qu'elle nous permette de bien tenir face aux enjeux de la vie tout en les différenciant les uns des autres). « La science c'est la connaissance » (La connaissance détermine la vision scientifique). « D'une part on n'en disconvient pas que la connaissance est tout même si tout n'est pas connu » (N'importe qu'on ne sache pas tout la connaissance joue un rôle important dans la compréhension de la vie). « Avoir connaissance de l'ignorance c'est le propre de la connaissance dans l'existence, alors à quoi sert une connaissance qui s'ignore ? Dans l'incapacité de faire la part des choses avec, la connaissance n'a rien à envier à l'ignorance ainsi elle devient une ignorance déguisée » (La connaissance crée forcément la différence comparée à l'ignorance). « Au moins la connaissance nous dit quelque chose quand l'ignorance nous dit quelque chose : l'ultime manière de connaitre le mensonge c'est la vérité également le chemin requis pour cerner l'ignorance c'est la connaissance ne pas le savoir c'est se tromper de savoir » (Au moins la connaissance nous dit quelque chose pour qu'on sache que l'ignorance ne vaut rien du tout ; il est bien illusoire de prétendre connaitre le mensonge sans passer par la vérité). « C'est bien connaisseur qu'on a connaissance du mal » (La mesure réelle des choses passe par une connaissance parfaite de leurs valeurs respectives). « Si la connaissance ne nous dit rien alors en quoi l'ignorance peut-elle nous dire quelque chose, l'une sans l'autre c'est l'ignorance sans la connaissance » (Une fois éclairé sur l'ignorance c'est que nous jouissions du service de la connaissance). « Le changement est la logique du raisonnement autant on apprend pour changer autant on change pour apprendre » (L'humain change pour apprendre puis apprend pour changer). « Ce qui se dresse contre la connaissance se dresse contre l'existence avec » (La connaissance sert justement à l'existence). « Celui qui accepte, d' apprendre, de comprendre, d'étudier accepte de changer alors pour connaitre la loi est simple autant on accepte de changer pour apprendre autant on apprend pour changer ainsi le changement est la logique du raisonnement » (La connaissance demande le changement continuel ainsi que l'adoption de nouvelles valeurs culturelles de la part de l'apprenant). « Tout ce qu'on attende de la connaissance est qu'elle nous apprenne » (Nous attendons de l'apprentissage de la part de la connaissance). « L'importance de la connaissance réside dans le fait qu'elle nous éclaire sur le désavantage de l'ignorance ; comment peut-on autrement connaitre l'ignorance si ce n'est à partir de la connaissance ? » (La connaissance est bien importante du fait qu'elle nous éclaire sur l'ignorance). « Le compte qui exclut la connaissance se conclut contre l'espérance » (Quand on s'éloigne de la connaissance nous nuisons à l'existence). « La connaissance n'est pas rien raison pour laquelle il faut toujours se contenter de quelque chose pour bien connaitre » (La connaissance nous l'atteignons en se contentant de la valeur rationnelle requise). « C'est seulement connaisseur qu'on ne se trompe pas de repère » (La connaissance éclaire celui qui la possède). « Une chose est de connaitre une autre est d'admettre » (Connaitre une chose ce n'est forcément pas l'admettre). « En bien la connaissance n'est pas rien » (Celui qui utilise la connaissance à bon escient en tire profit). « Là où la connaissance fait défaut l'importance en fait de même » (La connaissance accompagne l'importance). « Le bon travailleur est bien un fin connaisseur, comment réussir sans s'instruire aucunement ? » (La connaissance renforce la réussite ouvrière chez l'individu). « Pour qu'elle nous profite certainement qu'elle se nécessite celui qui tire profit de la connaissance la considère en sa juste valeur, mieux nous la reconnaissons la place qui la convient, bien elle renforce notre existence » (Il est bien nécessaire de considérer la connaissance comme elle se doit pour qu'elle nous profite). « Quand on n'est pas aidé par la connaissance c'est qu'on n'est pas aidé dans l'existence, autre que précis est manquement dans l'appui » (La connaissance seule nous aide dans l'existence contrairement à l'ignorance). « Après l'avoir compris ce qu'on apprenne sur l'ignorance est que l'ignorance ne nous apprend pas » (La vérité sur l'ignorance nous démontre qu'elle nous trompe). « Nous n'arrivons pas à la connaissance de l'ignorance partant de l'ignorance de la connaissance » (L'ignorance de la connaissance ne mène pas à la connaissance de l'ignorance).

L'INTELLIGENCE ; L'ININTELLIGENCE ET L'IMAGINATION

« L'intelligence d'un jour c'est bien sûr l'intelligence avec détour, qui nous joue sûrement des détours » (Dans le détour l'intelligence est mal pensée ainsi elle nous fera limiter). « C'est bien intelligent qu'on est gagnant » (L'intelligent est bien gagnant dans son accomplissement). « Il est sûr que celui qui voit intelligemment le problème n'a pas de problème avec l'intelligence » (Loin de nous créer des ennuis l'intelligence s'offre en solution). « Plus c'est intelligent mieux c'est gratifiant » (L'intelligence est gratifiante pour l'individu éclairé). « C'est aussi évident qu'intelligent que tout d'évident est intelligent ; certainement l'intelligence qui s'éloigne de l'évidence est une inintelligence déguisée » (L'évidence est intelligence ne pas le savoir c'est bien se tromper de savoir). « C'est parce que la folie ne justifie rien en tout raison pour laquelle le fou peut tout justifier en rien : l'unique excuse à la folie c'est ne pas savoir pourquoi nous la vivons dès lors que le fou sait qu'il est fou, la folie n'a plus de sens » (L'imagination folle permet au fou de penser comme bon le semble sans pour autant se soucier comme il se doit). « Dans la folie l'imagination n'est qu'illusion » (Le fou n'imagine autrement que fictivement). « On ne peut pas trahir sa confiance sans faillir dans sa référence» (Quand on trahit sa conscience on échoue à réaliser son objectif). « Les premiers à imaginer sont souvent les premiers à halluciner dans la mesure où l'apparence trompe les premières vérités nous induisent généralement en erreur » (Nous nous trompons rien qu'en suivent les premières vérités le plus souvent). « Même si rien n'est pensé, la pensée n'est pas rien » (La pensée n'est pas rien peu importe qu'elle soit sensée ou pas d'une part car elle reste avant tout de la pensée). « Quand la vérité est imaginée tout est imaginée » (L'imagination réussie passe par le canal véridique). « Bien sûr que l'imagination pose problème quand la réflexion se situe dans l'illusion, autre que précision est manquement dans l'imagination » (La précision est la seule assise valable pour la réussite de l'imagination). « Mieux l'on apprend ; mieux l'on comprend bien l'on imagine, la qualité de la pensée a justement trait avec la personnalité du penseur ». (Qui nous sommes se traduit par ce qu'on pense d'une part). « Celui qui mesure l'imagination en sa juste valeur s'approprie de l'argument nécessaire pour réussir sa vie car pour atteindre la suffisance dans l'existence quoi de plus que le bon sens comme référence » (L'imagination bien mesurée ouvre la voie à la réussite multiformes). « Ce qui s'imagine contre la réalité s'imagine contre l'humanité » (La vérité seule s'imagine mieux pour la vie). « La clé de l'imagination c'est la précision dans la réflexion, celui qui réfléchit bien s'imagine bien de suite » (Une réflexion épanouie détermine une imagination assainie). « C'est aussi facile d'imaginer que d'halluciner voilà pourquoi, imaginer pour halluciner nous rend la vie difficile étant donné que tout d'utile est difficile » (La facilité dans l'imagination dans une orientation allusive nous blesse). « A court d'imagination la réflexion ne suffit plus comme recours face à un concours quelconque » (Une fois limitée la réflexion doit encore plus s'inventer pour tenir). « L'imagination est bien question de conviction, notre imagination est fonction de notre préoccupation » (La préoccupation qui nous anime exprime l'imagination qui est nôtre). « Quand l'imagination est réussie c'est que l'intention est bien réfléchie » (L'intention bien réfléchie donne l'imagination réussie). « Alors quand l'illusion ne nous trompe pas qu'est-ce qui nous trompe ? Celui qui se comble dans l'illusion se conforte sur la désillusion » (La désillusion détermine la voie de l'imagination irréfléchie). « Ce qui s'imagine par hasard s'imagine pour nous mettre en retard le plus souvent » (L'imagination certaine ne se fait pas pour nous mettre en retard). « La réflexion est bien faite pour la préoccupation » (La réflexion est l'assise qui nous permet de résoudre les préoccupations si nous réfléchissons bien). « C'est parce qu'elle est concrète que l'intelligence promette » (L'intelligence promet bien partant de son aspect concret). « Il n'y a pas d'intelligence sans conscience du tout, partout où la conscience fait défaut c'est bien sûr avec l'intelligence » (L'intelligence se manifeste dans la conscience). « Quand c'est intelligent c'est que c'est rassurant »

(L'intelligence est bien rassurante). « Plus c'est intelligent, plus c'est gagnant c'est bien en innovant qu'on devienne gagnant » (Nous devenons gagnant en s'y prêtant à la marge de l'innovation). « Dans la mesure où ce n'est pas intelligent de se tromper certainement qu'on n'est pas intelligent pour tromper ainsi nous disons logiquement que c'est ne rien faire pour ne pas vivre inconscient que de penser tirer profit de l'inconscience de la personne égarée » (La marque de l'intelligence c'est la charge du bon sens en toute suffisance). « On est intelligent qu'en s'aidant » (L'intelligence est aide non seulement pour l'individu intelligent mais plus largement pour l'humanité toute entière). « C'est bien intelligent qu'on ne confonde pas le bien et le mal » (La possibilité de bien faire la part des choses est inclues dans la démarche de l'individu intelligent). « Bien d'intelligence n'est pas un frein pour l'essor de l'humain » (L'intelligence en renfort renforce l'humanité). « Aussi longtemps qu'on ne saura pas tout sur la connaissance nous aurons de la difficulté à situer l'intelligence en sa juste valeur car elle ne se crée ni ne se renforce qu'en présence de la connaissance » (La connaissance est bien la condition par laquelle s'établit l'intelligence certaine). « Comment pouvons-nous être fin d'esprit sans avoir faim de connaissance ? » (La faim de la connaissance détermine la finesse d'esprit). « Tout d'intelligent est bien arrangeant » (L'intelligence arrange par la positivité qu'elle incarne). « Rien d'intelligent n'est perdant » (L'intelligence se dresse contre la perte en toute lucidité). « Celui qui ne se trompe pas d'intelligence n'ignore pas que l'intelligence ne lui trompe pas » (L'intelligence éclaire celui qui se situe la concernant). « Concernant l'intelligence seul le manquement constitue un frein pour son développement partant du désagrément que cause le déraisonnement » (L'intelligence se distingue largement de l'inintelligence par son principe sérieux). « A la limite de l'intelligence se reconnait le mérite de l'intelligent, le degré d'intelligence d'un individu est fonction de la somme de connaissance qu'il englobe » (La connaissance de l'individu en dit long sur son intelligence). « Faire confiance à l'intelligence c'est être intelligent dans sa confiance » (Celui qui est intelligent dans sa confiance fait confiance à l'intelligence). « Quand la tentation se fout de la précision à la fin c'est la déception qu'on récolte comme conséquence » (Dans la réalité imaginative la tentation est une réalité mais si elle n'est pas raisonnable certainement ayant un encrage déraisonnable elle conduit à l'avilissement de l'humain). « Non salutaire bien sûr que l'imaginaire fait peur à celui qui n'a pas le cœur à l'horreur » (La manière salutaire dans la vie nous permet de bien se situer par rapport à son centre d'intérêt imaginaire). « Ce qui s'imagine à tort ne s'imagine pas pour le fort à plus forte raison que d'assurer le confort sans conteste autre que précision est manquement dans l'imagination » (La précision seule n'engendre pas de manquement dans l'imagination). « La précision assure l'illumination dans l'imagination » (La précision nous permet de bien s'éclairer dans une imagination quelconque). « C'est seulement dressée à l'encontre de l'erreur que l'imaginaire rende meilleur » (L'imagination activement engagé contre l'erreur renforce la résilience existentielle de l'individu). « La bonne dose des choses réside dans la référence de l'intelligence quand l'intelligence oriente c'est pour le bonheur de l'intelligent on n'est pas intelligent en sa défaveur autant on n'est pas inintelligent en sa défaveur » (L'intelligence est bien sûr la porte d'ouverture au bonheur exemplaire pour l'humain). « En toute imagination quand il s'oppose au désagrément l'engagement conduit bien à l'enchantement » (L'engagement salutaire se dresse constamment contre l'erreur dans la manière). « Quand l'imagination pose problème d'une part c'est parce qu'elle ne s'attaque pas au problème, avec l'illusion dans l'imagination nous vivons de la préoccupation en outrance » (La manière de choisir l'imagination joue sur la fiabilité de l'esprit imaginatif). « La connaissance de l'imagination mène à la connaissance de la vie d'où le renforcement de l'esprit imaginatif » (La pensée certaine accroit davantage l'emprise de l'individu sur son environnement à travers sa capacité à faire face aux multiples défis de l'existence). « Dans l'existence l'important n'est seulement pas d'être en vie mais plutôt de vivre en être » (L'importance de l'existence se résume également de la part de l'individu responsable à magnifier son humanité qui le différencie de l'animalité en toute positivité en étant utile à soi ainsi qu'à l'humanité toute entière). « La solution n'est pas que de la réflexion mais mieux de la précision » (La précision est la solution de la réflexion). « Celui qui connait la vérité sur l'imagination n'ignore pas que tout ce qui s'imagine n'est pas de la vérité, le bonheur dans l'imagination c'est aussi savoir faire la part des choses entre le mal et le bien » (La capacité pour l'individu de dissocier le bien du mal lui permet de bien réussir son imagination). « Rien de ce qui s'imagine bien ne s'imagine contre le bien » (Quand l'imagination tient bon c'est logiquement avec le bon sens). « En toute imagination ce qui ne s'imagine pas pour le bien ne s'imagine pas contre le mal » (L'imagination tient à l'expression de la vérité en faisant la part des choses on y voit clair). « Quand l'imagination échappe à la compréhension c'est parce que l'imagination n'est pas légale de l'imagination, dans la mesure où nous pensons différemment il n'est cependant pas aussi étonnant qu'on ne puisse pas se comprendre » (L'imagination atteste également la différence du degré d'intelligence des individus les uns à l'égard des autres). « C'est mal connaitre l'ignorance que de la suivre comme référence pareillement à l'inintelligence car la crème des références pour réussir c'est bien sûr l'intelligence » (L'intelligence est une référence certaine pour l'humain en vue de réussir au mieux). « On n'est jamais intelligent pour ne plus apprendre autant on n'est jamais savant pour tout comprendre donc l'humilité forge la maturité de la personnalité sage » (L'humilité est bien requise pour forger la qualité de notre personnalité en tant qu'humain sage). « On a au moins raison de ne pas agir contre la raison en toute imagination » (L'intelligence compte sur notre raison de ne pas compter sur l'illusion pour s'éclairer). « A chaque citation sa situation ! » (La citation s'exprime par rapport à une situation). « C'est mieux se situer que de se justifier au moins à travers la raison » (La raison permet bien à l'humain de se justifier). « A chaque préoccupation sa réflexion » (La réflexion accompagne la préoccupation). « En réalité en toute imagination tout ce qui fait réfléchir ne fait pas réussir, au mieux la réussite c'est la suite de ce qui est durable » (La réussite émane de la positivité de l'opération). « Comparée à la connaissance en toute lucidité l'ignorance est un sens dans l'imagination cependant elle n'est pas le sens de l'imagination » (L'ignorance n'est forcément pas le sens de l'imagination étant un sens pour l'imagination).

LE PROBLEME ET LA SOLUTION, LA VIE ET LA MORT

« La solution est fonction de la préoccupation » (Enorme est la solution, pareillement volumineuse est la préoccupation). « En fonction de la solution nous changeons de position » (L'important pour l'individu nécessiteux de solution est de changer pour profiter du fruit de la solution). « Une fois réussie normalement la fonction de la solution doit nuire à la position de la préoccupation » (La position de la préoccupation est bien neutralisée par la fonction de la solution). « Quand la solution fonctionne bien c'est que le problème fonctionne mal » (La solution ne peut pas être une aubaine pour le problème quand elle fonctionne normalement). « On ne se contente pas d'une solution malade pour solutionner le mal » (La solution malade n'est nullement pas efficace pour solutionner le mal, par contre celle certaine). « On ne peut pas être pour la solution et ne pas être pour la précision dans la mesure où la solution c'est la précision ; celui qui tient à la solution tient à la précision avec » (La solution et la précision marchent ensemble on ne peut pas tenir à la vérité et la fuir dans la conduite). « La solution est souvent contraire, elle peut aussi ne pas plaire n'étant pas ce qu'on préfère mais une chose est sûre elle se démarque de l'erreur : autre que sincère est erreur dans la manière » (La manière non sincère est bien à notre défaveur). « Si la solution ne se fait pas seule, certainement que c'est l'humain qui la façonne d'une part car avec le concours de Dieu il arrive à s'assumer avec, on a quelque chose à voir avec la solution et le problème que nous vivions dans le temps » (La solution est fonction de l'individu qui la pense d'une part). « Avoir une solution et avoir la solution cela fait deux » (La solution n'est pas notre solution si notre solution s'oppose à la précision). « La solution n'est pas qu'imaginer mais s'assumer oui » (L'utilité dans le processus de résolution d'un problème est de savoir la nécessité de se résoudre dans la raison). « Ce n'est pas parce qu'on est fou qu'on n'a pas de problème mais plutôt c'est parce qu'on l'ignore » (La folie détermine l'absence de conscience chez l'individu pouvant lui permettre de se situer sur son vrai problème). « Le problème de l'ignorant n'est autre qu'il ne veut pas reconnaitre l'ignorance comme problème » (L'ignorant refusant de reconnaitre l'ignorance s'abaisse profondément). « Si l'ignorance n'est pas sans problème c'est bien parce qu'elle ne se positionne pas contre le problème » (L'ignorance tient sa dimension problématique par rapport à sa position contre la connaissance). « Ce qui est référence chez l'ignorance, n'est pas suffisance pour l'ignorant raison pour laquelle rien qu'en suivant l'ignorance nous nous empêtrons dans de soucis » (L'ignorance est bien un problème pour l'ignorant comparée à la connaissance qui s'illustre en solution). « C'est bien problématique de s'éloigner de la logique dans la vie, celui qui se contente de l'illusion s'expose aux problèmes ainsi s'affaiblit dans l'existence, la démarche contraire à celle rationnelle ne peut qu'affaiblir » (L'intelligence est bien rentable dans sa dimension rationnelle). « Qui n'est pas militaire ? Qui n'a pas de cœur ? Qui ne se bat pas pour une cause ? Qui ne se bat pas contre une cause ? Alors qui ne fait pas la guerre ? » (La guerre n'est pas un problème lorsqu'on se bat contre le problème). « Avoir le problème et se faire avoir par le problème cela fait deux, nous pouvons bien avoir un problème sans pour autant réussir à le contenir » (Nous pouvons bien avoir un problème en sachant comment s'y prendre nous le résolvons). « Comment peut-on avoir la solution, sans pour autant savoir la précision » (La solution certaine nous permet de bien contenir le problème en étant réaliste dans sa démarche). « La solution est bien une obligation pour celui qui ne souhaite pas perdurer dans la complication » (Nous nous inventons pour solutionner lorsqu'on souhaite vivre paisiblement). « Le soulagement est aussi et surtout fonction d'un dépassement de soi face aux choix de l'humain » (Le dépassement de soi par l'individu est une possibilité de choix pour la réussite humaine). « La solution est la conformité du comportement avec le raisonnement, autrement nous ne la vivons pas durablement » (La solution certaine recommande une conformité assidue de la personnalité avec le bon sens, autrement nous nous retrouvons dans le problème). « La science n'est pas que connaissance mais aussi et surtout elle est chance, sens et suffisance » (La science renforce la connaissance humaine et l'autonomise dans le temps). « Le problème n'est forcément pas de se tromper, mais plutôt de ne pas considérer comme problème ce qui nous trompe dans la mesure où nous sommes sujets à l'erreur » (L'individu sujet à l'erreur ne peut pas vivre sans problème mais doit problématiser la cause du problème si nécessaire). « Peu importe la nature de la solution plus généralement elle fait objet de soumission à une condition cela dit la précision est la condition sine qua non pour vivre la solution chez l'individu » (La précision permet bien à l'individu de vivre la solution certaine). « Un problème mal posé ne peut que s'aggraver raison pour laquelle quand la solution pose problème c'est que le problème est mal posé » (La solution pose problème partout où nous approchons mal le problème). « Ce n'est pas sans problème que nous venions à bout du problème ce qui veut logiquement dire que la solution n'est tout autre qu'un problème à la hauteur du problème » (La solution est bien un problème à la dimension du problème rencontré par l'humain). « Que de préoccupation en comptant sur la solution qui ne nous protège point de préoccupation, la solution mal pensée nous enfonce fortement dans le souci » (Le problème mal solutionné n'engendre que désillusion). « Dans l'ignorance ne se vit nullement pas la solution étant donnée qu'elle est connaissance et suffisance on ne saurait autrement la pensée qu'en étant bien connaisseur » (La solution est fonction de la pertinence dans le jugement). « La solution est l'expression de la révolution de la réflexion dans le milieu de la précision » (La réalité de la solution montre qu'elle incarne la révolution de la mentalité dans le cadre de la lucidité).

« Quand la solution pèse bien c'est parce qu'elle nous met à l'aise, la solution qui ne profite à rien est certainement pensée à partir de rien ainsi on n'appelle pas solution ce qui ne contient pas la préoccupation avec résolution » (La solution doit logiquement faire ses preuves face au problème). « Impossible d'avoir connaissance de la solution sans pour autant reconnaitre la solution de la connaissance » (La solution de la connaissance exprime bien le mérite de la connaissance ainsi que la confiance que nous la devions). « Sage n'est pas celui qui ne se trompe pas de solution mais plutôt celui qui ne se comble pas avec ce qui lui trompe » (L'individu sage cherche constamment à solutionner les maux une fois les avoir diagnostiqué). « La solution ne se limite seulement pas à réfléchir pour réussir mais aussi et surtout elle demande à agir, à réagir à subir souvent à dire et à contredire pour enfin parfaire la manière » (La solution s'exprime à travers l'intelligence pour l'individu). « La solution est l'expression de la correction dans l'activité humaine, ainsi on aura toujours besoin de la solution quand on ne sera pas à l'abri du besoin » (L'individu a besoin de la solution n'étant pas à l'abri du besoin). « La solution n'est pas sans raison, la solution a toujours raison quand elle émane de la précision » (La solution découle de la précision en toute lucidité). « Comment compter sur une solution qui ne nous protège pas de la désillusion » (La solution certaine nous protège clairement de la désillusion). « C'est bien connaitre la solution que de savoir que la précision suffise comme solution » (La connaissance de la solution nous permet de dire que la précision suffise comme solution). « Comparée à la précision l'illusion est une solution mais elle n'est pas la solution » (L'illusion est une solution différente de celle de la précision). « Outre que réflexion la solution est aussi et surtout la précision » (La précision décide de la solution et non pas le seul état de la réflexion). « On peut bien réfléchir pour être sûr à condition qu'on soit mature » (L'individu mature trouve justement de la solution à travers sa réflexion). « La solution n'est pas rien pour celui qui pense sur la hauteur du problème pensant clairement il se retrouve dans son raisonnement, c'est bien clair que la solution convienne au problème » (La clarté est l'argument idoine pour qu'une solution convienne au problème). « C'est mal comprendre ka réalité de l'avance que de penser pouvoir devancer la réalité » (Nul ne peut devancer la vérité). « Dans la vie être ou n'être pas d'avis avec la vie ne change en rien la trajectoire du destin d'un individu » (L'humain suit la trajectoire de son destin). « Plus la vie est utile plus le vivant se rassure étant donné que la vie est la marque du vivant ne se faisant pas seul, d'une part l'humain est responsable de sa vie » (La responsabilité de l'individu compte bien dans l'organisation de sa vie d'une part importante). « Si la solution n'est pas sans problème certainement qu'elle se dresse contre le problème, ainsi celui qui tient à bien solutionner le problème doit savoir bien se sacrifier pour se justifier, le sacrifice est utile comme bénéfice en terme de mesures contraignantes pour la production de solution » (Il nous est bien utile de nous sacrifier pour solutionner nos soucis au mieux tout en sachant que le problème du sacrifice ne doit pas être une barrière à la réalisation de notre aspiration). « Si la solution dépend de la condition c'est que toutes les conditions ne mènent pas à la solution » (La solution illustre l'importance de la condition dans la vie déterminante pour la réalisation d'une cause). « Nullement la cause qui mène à la solution ne met la solution en cause » (La cause conduisant à la solution ne met pas en cause la cause de la solution). « Ce sans quoi il n'y a pas de solution mérite bien une attention particulière » (La solution n'étant pas n'importe quoi doit normalement venir d'un raisonnement efficace). « On ne peut pas fuir le problème pour ensuite réussir la solution nous comprenons de ce fait que l'acteur des solutions est aussi l'acteur des problèmes cela dit celui qui s'assume bien » (La découverte de la solution demande une implication intelligente pour celle du problème en ne le fuyant pas l'affrontant tout en le donnant la réponse appropriée). « N'importe que la question reste souvent sans solution, la solution est une question » (La solution est une question même si la question est souvent sans solution pour quelques temps par rapport aux circonstances). « Après une question ou des questions posées, une ou de réflexions nourries la solution est accordée » (La solution est accordée par rapport à la réflexion bien nourrie de l'individu). « Partout où il est question de solution, il est question de résolution, il est question de réflexion pour enfin déboucher sur la révolution » (La solution demande la révolution humaine en terme d'enregistrement de progrès dans la vie). « Bien sûr que dans la solution se trouve la justification quand elle est précision » (La précision dans la solution prouve la justification qu'elle renferme). « Quand la vérité pose problème c'est que le problème est mal pensé, dans la mesure où la solution mène à la précision voir le contraire c'est se tromper dans son savoir » (L'erreur est bien de méprendre la solution au problème). « La solution du dernier s'apparente généralement au problème du premier voilà pourquoi des pieds tout comme de la tête nous n'attendons pas la même solution face aux défis les premiers n'étant pas égaux à la seconde » (La différence d'appréciation de la réalité par les individus que nous sommes se répercute sur la différence de proposition de solution que nous proposions). « La disposition à la solution c'est aussi et surtout la compréhension de son incompréhension » (La compréhension de son imperfection par l'individu lui permet bien de s'ouvrir à la réalisation de la solution). « C'est mal connaitre la solution que de penser que la solution ne vienne pas à bout du mal une fois concordante avec la précision comment n'en sortirons nous pas victorieux » (La solution c'est la victoire en tout savoir). « Avoir la solution et se faire avoir par la solution c'est encore ne rien savoir sur la solution » (Quand on a la solution c'est pour s'en servir et non pas se desservir). « En quoi la solution n'est-elle pas une chance lorsqu'elle s'oppose à la malchance » (La solution ouverte contre la malchance sert bien celui qui l'a pensé). « La solution n'a autre secret que d'être concret dans la réflexion pour ne pas se tromper de calcul, il faut savoir quel calcul faire » (La précision dans la démarche est un garde-fou permettant à l'individu de bien se positionner face aux problèmes). « Le gain certain est pour l'esprit certain, c'est bien dans la précision que la solution nous mène à l'émancipation » (Quand la solution nous soutient c'est qu'on s'est bien soutenu). « La solution est une force qui répond bienveillamment à la farce ; inefficace est la solution qui n'est pas sagace face au problème » (La solution ne manque pas de preuve face au problème). « Comment peut-on s'opposer à la solution sans pour autant s'opposer à la révolution, logiquement celui qui fait barrière à la lumière fait barrière à la faveur y compris lui concernant » (La solution n'est pas un frein pour la révolution au contraire un tremplin pour qu'on s'épanouisse). « Dès lors qu'on se soucie de la solution c'est qu'on a conscience du problème » (La conscience du problème est fonction du souci vis-à-vis de la solution par l'individu). « La condition de la solution c'est la précision dans la réflexion, celui qui se soucie dans sa réflexion se soucie de la solution » (La solution est une question d'adéquation avec la précision de la part de l'individu). « La question du problème n'est nullement pas indifférente à la solution raison pour laquelle la solution est un problème pour le problème » (La solution est une menace pour le problème ne lui laissant pas indifférent dans sa démarche). « On n'a pas besoin de tout pour se mettre à l'abri de tous les besoins dans la vie à moins qu'on soit fou sachant logiquement que l'insuffisance est inhérente à l'existence humaine » (Dans le cadre où l'insuffisance est inhérente à l'existence humaine on ne peut pas se mettre à l'abri de tous les besoins mais plutôt nous résolvons nos soucis au fur à mesure que nous évoluions le plus souvent, en général Dieu ne nous dispense pas de tous les problèmes nous humains imparfaits). « Comment peut-on ne pas avoir de problème en se souciant contre la solution, un problème pensé à l'envers ne pourrait que s'aggraver davantage » (Le problème incompris s'aggrave). « L'utilité de la solution réside dans sa lucidité face aux préoccupations, n'importe quoi ne solutionne rien raison pour laquelle quand on déraisonne, on hallucine finalement on régresse par rapport à la solution : la solution n'est pas que la différence mieux elle est l'évidence » (La solution est l'expression de l'évidence dans la démarche de l'individu outre que la différence). « Les solutions seront différentes les unes des autres aussi longtemps que les problèmes en seront de même à chaque solution son problème ; à chaque problème sa solution d'une part l'appropriation par l'individu du sens du détail par rapport à la résolution d'une préoccupation lui permet de bien prendre de l'avantage pour la résolution d'un problème » (Il importe d'arriver à bien saisir l'importance du détail pour mieux connaitre la solution). « Autant celui qui ne se ment pas sur la vérité n'ignore pas que la vérité ne le mente pas pareillement celui qui ne se ment pas sur la solution n'ignore pas qu'elle est exclusivement de la précision : procèdes comme il se doit ainsi tu réussiras » (La réussite d'une cause demande de procéder comme il le faut). « La solution n'empêche pas de faire ce qui profite à la favorise la révolution avec ; ce que la précision nous recommande de faire c'est ce qui se fait pour le salut de l'humain » (Le salut humain est fonction de la précision dans la démarche). « La guerre pour la solution est une guerre pour la précision donc contre l'erreur en vue de renforcer sa faveur » (La bonne guerre se mène contre l'erreur pour le bonheur humain). « La solution n'est pas sans enjeu n'ignorant pas qu'elle convienne face aux enjeux ainsi elle les fait face ouvertement, sinon à quoi sert notre engagement si nous ne le profitons pas positivement, le rôle objectif de la solution est d'assurer une évolution paisible du cours de la vie de l'humain » (La solution aide ouvertement contre les dangers de la vie). « Le problème s'entretient bien en l'ignorant en ne le sachant pas comme problème » (Le problème est un problème ne pas le mesurer en sa juste valeur c'est s'éloigner de la solution qui le convient). « Comment peut-on promouvoir la solution sans savoir le problème ? » (La bonne promotion de la solution demande une connaissance à l'illusion en sa juste valeur).

LA MALADIE ET LA GUERISON

« On est bien guéri qu'en étant bien éclairé, dans le cadre où l'ignorance est une maladie la connaissance demeure bien le remède » (La connaissance permet de guérir la maladie de l'ignorance). « A chaque correction vécue sa touche de guérison apportée à l'éducation de la personnalité humaine » (L'éducation est bien un remède contre les vices comportementaux de l'humain). « La distraction profite à la guérison dans la mesure où l'excès de concentration nuit à la concentration » (Il est nécessaire de se donner du temps pour se récréer en vue de promouvoir son capital sanitaire). « La personnalité a bien une santé même s'il peut ne pas bien se présenter dans sa santé » (La personnalité n'est pas sans santé sans pour autant dire que sa santé est liée à la guérison). « Celui qui se porte bien ne se porte nullement pas contre le bien » (La stabilité dans le comportement ne s'exprime pas dans l'instabilité mais plutôt la maturité dans l'exemplarité). « En toute santé tout de cher à la réussite se réfère au mérite, ce qui se réfère au mérite se réfère à la vérité » (La santé détermine aussi et surtout l'état d'une valeur immatérielle lequel impact sur la vie de l'humain). « La meilleure manière de préserver sa santé c'est demeurer dans la clarté, celui qui se fait exemplaire au mieux préserve bien sa santé » (La guérison comme état de santé nous la préservons partant de nos comportements de tous les jours). « La guérison est forcément une question de compréhension cela dit pour atteindre la guérison il faut admettre la préoccupation bien cela posée par l'état de maladie dont nous sommes conscients donc de la maladie à la guérison vice-versa la connaissance est indispensable » (La connaissance nous permet de situer la voie adéquate pour entretenir la bonne santé humaine). « Dans l'incapacité de se guérir on ne peut que souffrir puis se rendre compte de la faiblesse de l'humain face à la grandeur de Dieu tout puissant cela dit il convient de reconnaitre la limite de la possibilité humaine dans le soin raison qui explique l'arrivée de la mort pour conclure la maladie vivement nous apprenons de la maladie qui se conclut par la mort qu'imparfait on est sujet à ce qui nous dépasse » (La maladie enseigne surtout celle causale de la mort démontrant la faiblesse humaine). « La connaissance de la maladie dépasse souvent la connaissance du malade raison pour laquelle il fait recours au concours du praticien pour le soigner » (La connaissance de la maladie peut ne pas être à la portée du patient ainsi le médecin vient à son chevet). « L'importance de la guérison n'est pas sans conséquence sur la production, si c'est bien guéri que nous nous disposions pour que nous opérions alors nous en préférons généralement par rapport à la maladie car elle n'est pas handicapante » (La guérison nous la préférons à la maladie dans la mesure où elle nous permet d'être beaucoup plus autonome dans la vie). « On est chanceux ou avantageux qu'en présence de l'enjeu » (L'enjeu détermine la chance dans l'existence). « Quoi de mieux qu'être sincère pour contenir le revers » (La clarté dans la manière nous permet de contenir le revers dans la vie). « Quand on contrôle on s'épaule » (Là où l'on tient le contrôle nettement on s'épaule en fait). « Face à la maladie le courage est requis, nettement si la maladie est un défi la guérison doit-être un combat pour la contrecarrer » (La guérison doit-être un défi engagé à la taille de la maladie). « Celui qui ignore le plus s'assume le moins » (L'individu qui manque de connaissance le plus vit malade dans sa manière). « Rien ne vaut la vérité pour tenir en maturité » (La vérité tient bien en maturité). « Souvent à cause de l'intérêt on se retrouve par terre, l'intérêt mal jugé est bien logiquement cela qui nous mène à terre » (Quand on juge mal l'intérêt on se fait du mal avec). « C'est bien intéressant de vivre différent quand on est évident par rapport à l'évidence, la différence qui profite à l'existence est nécessaire comme faveur » (La différence intéressante est bon à entretenir). « En quoi ce qui n'est utile en rien est-il différent de rien ? » (La valeur non différente de rien n'a point de différence vis-à-vis de rien). « Dans la mesure où l'important n'est pas inquiétant il mérite qu'on y accorde de l'intérêt étant concret pour le renforcer » (Il est bon d'être coriace en vue de renforcer l'existence). « Quand la vie conforte la guérison importe, celui qui accorde du crédit à la vie, l'accorde à la guérison avec car la vie nous est hautement profitable quand nous la vivons guéri » (La guérison renforce l'harmonie de l'individu dans la vie). « Pour bien combattre la maladie il faut s'ouvrir à la guérison, il importe de ne pas ignorer la maladie pour s'épauler contre la maladie » (La non ignorance de la maladie par l'humain lui permet de pouvoir bien faire face aux enjeux de la guérison). « Vivant il est logique que les problèmes de la vie nous préoccupent car nous y sommes, cela dit on ne peut pas ne pas vivre et puis ne pas s'attendre aux problèmes , rencontrer les soucis dans la vie n'est nullement pas synonyme d'une maladie quelconque de la part du vivant dans la mesure où nous ne saurons autrement pas vivre sans souci aucun » (La vie s'accompagne de problème il est utile de ne pas l'ignorer et savoir bien faire face aux soucis de la vie relève plutôt de l'ordre de notre bonne santé plutôt qu'une déstabilisation quelconque de notre état). « La mort n'est pas une surprise pour la vie dans la mesure où le vivant vit déjà averti par son arrivée : peu importe la durée d'une vit à la fin c'est de la mort qu'il en sera question! » (Le vivant est averti d'avance de l'arrivée de la mort pour conclure sa vie donc il n'y a pas de surprise à ce qu'une vie soit conclue par la mort). « Mieux que la décision où la détermination la guérison c'est la précision dans la réflexion » (La guérison réussit grâce à l'objectivité).

LA NATURE LE TEMPS ET L'ESPACE

« Le temps est important qu'on le sache ou pas car tout s'exécute dans le temps, on ne peut pas négliger le temps sans pour autant se négliger dans le temps » (L'individu qui néglige le temps se néglige avec dans le temps). « On a besoin du temps pour satisfaire ses besoins dans le temps » (Le temps est important pour se satisfaire dans la vie). « Le temps compte en tout si tout s'opère à travers le temps » (Le temps compte pour que le compte soit dans le temps). « Une chose est d'avoir du temps une autre est de ne pas se faire avoir dans son temps, l'espoir dans le temps recommande à l'humain de bien pouvoir s'en servir du temps faute de quoi il le dessert » (Le temps qui joue à notre faveur doit-être sagement utilisé). « Tout à un temps même le temps ne dépasse pas son temps dans le temps » (Dans le temps il arrive que le temps soit révolu dès fois). « Quand on le calcule mal certainement que le temps nous accule, car une solution mal pensée n'a d'égale que le problème » (Le problème est le propre de la solution mal pensée). « Le temps est à connaitre pour le vivant pour l'importance de l'existence qu'il incarne » (La connaissance du temps procure une maitrise acceptable de l'existence). « On marque bien son temps quand on se fait certain dans l'existence, la meilleure manière d'exister c'est de raisonner savoir où se situer en vue d'être un espoir pour l'essor collectif » (La possibilité pour l'individu de bien marquer son temps passe par la connaissance qui l'anime le concernant en vue d'en faire un outil de développement collectif). « Bien évident dans le temps bien sûr que le temps nous défende ! » (Nous bénéficions d'une assurance du temps étant positif dans sa conduite dans le temps). « C'est mal s'investir dans le temps que de ne pas s'investir à temps, à temps le compte est gagnant, le mérite dans l'engagement réside dans la mesure du raisonnement, évident celui qui s'assume à temps se rassure gagnant » (La victoire accompagne celui qui s'assume positivement à temps). « Le temps rassure bien celui qui le suit avec droiture » (Le temps est profitable pour celui qui le comprend bien). « Celui qui me comprend sans ma tête ne se comprend pas lui-même car il est dérangé dans sa mentalité » (Dans le temps la compréhension d'une personne nécessite de savoir sa direction). « Mieux qu'avoir une tête il faut avoir sa tête pour ne pas vivre bête » (La tête est utile pour comprendre l'orientation de l'humain dans la vie). « Bête on a bien une tête mais on ne va pas bien dans sa tête » (La bêtise ne nous empêche pas d'avoir une tête mais cependant elle nuit à l'expression du bon sens dans notre tête). « Le fou a bien une tête cependant il ne va pas bien dans sa tête » (La folie ne nous empêche pas d'avoir une tête, mais plutôt d'avoir sa tête). « Avoir une tête à soi n'est pas rien du tout » (La possession de sa tête par l'individu est élémentaire pour s'épanouir). « S'épanouir d'accord mais s'instruire d'abord puis s'investir ensuite » (L'investissement après l'instruction fait la grandeur de l'épanouissement humain dans le temps). « Rien d'important dans le temps ne peut compromettre l'importance du temps » (L'importance du temps n'est pas à compromettre dans le temps par rien au monde). « Dans le temps, dans la nature tout comme dans l'espace une chose est d'investir une autre est de réussir dans la mesure où à défaut de s'instruire au préalable on ne peut qu'agir pour détruire » (La connaissance est bien requise dans le temps pour promouvoir l'épanouissement humain). « Une fois conscient dans le temps en rien le vivant n'est perdant » (Le vivant ne perd rien en raisonnant dans le temps). « C'est bien vivre que de ne pas vivre contre le bien » (Celui qui vit bien dans le temps ne vit pas à l'encontre du bien). « La vie ne réussit pas à celui qui ne s'instruit pas » (L'instruction est l'assise de la réussite dans la vie). « Celui qui ne se soucie pas dans le temps ne se justifie pas dans l'existence » (L'individu qui se justifie dans l'existence se soucie dans le temps comme il faut). « Pour la réussite dans le temps il est vrai que la vérité se nécessite » (La vérité est bien nécessaire pour promouvoir le développement humain dans le temps). « Si le mensonge ne nous dérange pas c'est qu'on ne s'arrange pas » (Dans le temps le mensonge est dérangeant). « La sagesse c'est l'adresse » (La sagesse détermine l'adresse dans le temps). « Venant du délire nuire ne fait qu'appauvrir » (La nuisance appauvrit dans le temps). « Ce qui ne nous profite en rien ne se nécessite pas du tout » (Tout du profitable se nécessite dans la vie). « Mieux que le produit le profit est précis une fois réussi » (Le profit est bien réussi une fois précis). « Tout de raisonnable est bien profitable ! » (Le profit s'assume à travers la raison). « Pécher c'est s'empêcher plutôt que de se dépêcher pour profiter » (Nous ne profitons pas du pécher mais nous nous nuisons avec). « Dans l'existence n'être à la base de rien c'est bien servir de base à l'inexistence » (Nous servons de base à l'inexistence en n'étant utile à rien vivant). « Rien d'important dans la vie n'est plus important que la vie d'une part ! » (D'une part rien d'important dans la vie n'est important plus que la vie). « Tout de salutaire est bien utilitaire ! » (L'utilité est dans le salut dans le temps). « Le salut traduit l'importance de vue » (Le bon sens dans la vue détermine le salut dans l'acte). « Tout de sincère est salutaire » (La sincérité détermine le salut). « Le salut est appui » (Le salut appui l'humain dans le temps et l'espace). « Si le mensonge ne nous dérange pas c'est qu'on ne s'arrange pas » (Le mensonge ne dérange pas celui qui s'arrange). « L'autorité ne se passe pas d'exemplarité ! » (L'exemplarité fait l'autorité). « Régner c'est ne pas saigner ou faire saigner mais mieux enseigner pour se faire enseigner » (Dans le temps la nature et l'espace le dirigisme a un élan pédagogique). « Bien certain on est, souverain ! » (La certitude exprime la souveraineté). « Outre que la fermeté la clarté est la clé de la souveraineté » (La clarté renforce la souveraineté de l'humain). « Rien n'est frein à l'aboutissement de la personnalité que de ne pas savoir distinguer le bien du mal ! » (La capacité pour l'individu de savoir distinguer le bien du mal lui permet de donner un coup de pouce à son existence). « Quoi de plus que la souveraineté pour magnifier la personnalité » (Quoi de mieux que la vérité pour magnifier la personnalité). « Selon la circonstance on peut s'endetter pour gagner la souveraineté mais on n'est pas souverain pour s'endetter » (Le temps peut nous pousser à s'endetter selon la circonstance pour enfin bien se racheter). « Bien plus que de dire pour se faire contredire débattre c'est instruire pour se faire instruire » (Le débat détermine l'instruction mutuelle des codébatteurs). « On est prêt à débattre pour ce à quoi on accepte de se battre : ce qu'on a à cœur c'est ce qui nous pousse à faire la guerre » (L'individu s'engage vigoureusement pour la cause qu'il porte dans son cœur). « Débattre dans l'absence tout comme l'absence du débat c'est bien parler pour ne rien dire : débattre d'accord mais comprendre d'abord » (Le débat est une réalité la compréhension en est une autre). « Débattre ce n'est nullement pas se battre, non plus s'abattre mais mieux se comprendre pour pouvoir se former et informer » (Le débat recommande de se comprendre pour apprendre). « Quand la vérité pose problème c'est que le problème est mal posé » (Le problème mal posé émane de la vérité). « Une chose est de dire la vérité une autre en est d'être véridique dans son être, le véridique ne se limite seulement pas au dit mais mieux le transforme dans ses faits » (Dire la vérité ce n'est forcément pas être véridique dans ses comportements). « La justice c'est bien la machine du bénéfice qui débloque les situations difficile » (La justice seule nous permet de réussir face aux défis de l'existence par la cohérence qu'elle dégage). « Celui qui se passe de la justice pour agir se passe du bénéfice avec » (Le bénéfice est inclus dans la justice). « L'évidence c'est le bon sens, le bon sens c'est l'intelligence et l'intelligence assure l'indépendance » (L'indépendance nous l'obtenons en s'assumant). « Seule la dépendance au bon sens assure l'indépendance dans l'existence » (La dépendance au bon sens promet l'indépendance certaine dans le temps). « La croyance d'accord mais la connaissance d'abord » (Dans le temps il convient de préconiser la connaissance avant de faire quoi que ce soit). « Celui qui a l'intelligence de se battre ne se bat pas à l'encontre de l'intelligence dans le temps » (L'intelligence guerrière ne se passe pas de la lumière). « Ce qui manque à la vérité n'est pas un manque pour la vérité ! » (La vérité ne manque de rien en réalité). « Ce qui nous trompe chez le fou n'est pas ce qui trompe le fou raison pour laquelle on n'est pas fou pour le savoir : l'unique excuse à la folie c'est ne pas savoir pourquoi nous la vivons dès lors que le fou sait qu'il est fou la folie n'a plus de sens » (La folie se passe dans l'inconscience). « On est bien placé qu'en étant futé, on est bien porté que par la clarté » (La clarté sert bien à l'accomplissement de la cause humaine). « Dans le temps l'attention n'exclut forcément pas la tentation mais elle exige la précision » (L'attention est faite pour rendre la tentation utile). « La simplicité est l'expression de la maturité dans la qualité de la personnalité » (La simplicité traduit une fois bien pensée l'avancée de la qualité de la personnalité). « Tout de sûr est mature, l'utilité tout comme la sûreté n'est que maturité » (La sureté est maturité). « Quand l'erreur ne nous commande pas la manière ne nous brimade pas » (Celui qui se soustrait du joug de l'erreur vit honoré dans la société). « L'essentiel est ce qui monte au ciel » (L'essentiel est ce qui aide à réussir à faire monter haut comme on le désire). « On est bien placé qu'en étant éclairé » (Le bon sens place bien l'individu dans la vie face aux défis de l'existence).

LE TRAVAIL ET LE CHOMAGE

« Le droit à la vie se conjugue bien avec le devoir au travail » (Le devoir d'être rompu au travail soutien bien une vie épanouie). « On ne peut pas tenir à la réussite et puis ne pas entretenir le travail, une réussite accomplie est le produit d'un travail réussi » (La meilleure manière de préparer la réussite c'est de s'acharner au travail comme il se doit). « Ce qui nous dispense du travail nous dispense de l'essor avec donc ne nous profite pas dans la vie ; le salut dans la vie se dessine dans l'acharnement au travail » (L'acharnement dans le travail procure le salut dans la vie). « Le travail est une réalité pareille à la vie mais par rapport au travail, le travail peut avoir sa réalité » (Le travail comparé au travail peut manifester une réalité contradictoire car le travail n'est pas forcément égal au travail). « Travailleur ou oisif on profite tous du produit du travailleur une raison de plus pour dire que rien ne vaut le travail pour celui qui souhaite se distinguer d'un vaut rien ! » (Le travail est bien requis pour ne pas vivre vaut rien). « Derrière n'est pas la place du travailleur qui s'en approprie bien de la manière de travailler » (Le travailleur qui sait bien travailler s'assure de ne pas rester par derrière). « Bonheur est d'être sincère et travailleur ! » (Le travailleur est bienheureux s'agissant de la pratique d'une activité positive). « On n'est pas travailleur que de cœur mais aussi et surtout de raison, pour que le travail nous profite rendons le juste c'est ce qui se nécessite » (La réussite du travail demande à ce qu'on soit juste le concernant). « Tant qu'on travaillera pour réussir on travaillera à jamais » (Le travail pour la réussite est un travail qui s'établit à jamais jusqu'à la fin de la vie humaine). « Face au malheur du chômage le travail est un honneur » (Le travail est un honneur face au malheur du chômage). « Une fois bien éclairé on ne se demande pas que faire pour ne pas travailler mais plutôt que faire pour réussir son travail » (Le travailleur éclairé tient à bien s'investir en vue de réussir son travail). « A défaut de travailler pour se libérer on travaille pour s'enchainer, dans la vie tout n'est que travail pareillement à la guerre si l'on ne fait pas son travail on travaille à son encontre » (L'individu qui ne travaille pas en sa propre faveur dans la vie le fait en sa défaveur cela dit nous travaillons tous différemment). « Dans la mesure où le chômage ne nous dit rien logiquement qu'on ne juge pas le travail en sa juste valeur, celui qui estime le travail comme il se doit fait tout pour le pérenniser en vue de bien profiter de sa vie » (Le travail est bien un facteur émancipateur de la vie humaine). « Même si on a mal à travailler ce n'est pas mal de travailler si nous ne travaillons pas au compte du mal, car si nécessaire il faut se faire du mal pour se prévenir du mal ; tout d'utile est difficile, point de jouissance sans souffrance » (Le travail même s'il demande du sacrifice est utile à exercer dans la mesure où il est utile en nous permettant de bien s'épanouir). « S'agissant du travail et du sacrifice qui va avec afin d'avoir le bénéfice nous préconisons plutôt de souffrir que de nuire pour s'épanouir ! » (La souffrance est utile pour accompagner la réussite d'un effort ouvrier certain). « On n'est pas patron parce qu'on trompe » (Le patron se doit-être un travailleur exemplaire et non trompeur au mieux). « Mieux que rêver travailler c'est opérer en vue de réaliser ce qui nous tient à cœur et dont on profite et fait profiter de la faveur au mieux nous mesurons par-là l'importance du travailleur dans sa société partant de l'avant pour l'humanité toute entière si et si seulement si il accepte de se résoudre pour la bonne cause » (Le travailleur qui s'engage pour une cause certaine fait profiter à l'humanité toute entière la retombée de son engagement). « Outre le cœur le travailleur c'est la manière » (La différence entre les travailleurs réside dans la façon de travailler). « La clé de la vie c'est le but du travail qui animé le cœur et l'esprit du vivant, pour réussir sa vie l'humain doit s'investir pleinement dans le travail » (L'investissement conséquent de l'humain dans le travail lui permet de bien réussir sa vie). « D'une part autant on travaille dans la vie pareillement on vit du travail » (L'humain travaille dans la vie puis profite du profit du travail pour se soutenir dans cette même existence d'une part). « Travailleur on est bien militaire, ayant le travail à cœur on combat le chômage jusque par terre » (Le travailleur s'engage au mieux afin qu'il puisse s'épanouir davantage dans son activité en neutralisant le chômage comme il se doit). « Bien vrai que c'est amère d'être chômeur » (Le chômage est amère pour l'individu qui cherche l'autosuffisance). « Le chômage est bien une barrière pour le chômeur qui estime le chômage en sa juste valeur, n'étant pas l'égal du travail bien sûr qu'on est empêché par le chômage avec le blocage qui en découle » (Le chômage n'est pas sans blocage pour le chômeur). « Faire de son mieux pour combattre le chômage c'est bien promouvoir le travail car le seul argument qui vaille pour prospérer le travailleur est de s'ériger en barrière contre l'avancée du chômage » (Le travailleur s'érige en barrière contre le progrès du chômage contre- productif pour lui). « Toute volonté de se développer s'opère à travers une priorité de travailler ! » (La priorisation du travail appui une volonté de s'épanouir chez l'individu). « Quand il nous rend heureux l'important est de travailler à condition d'être vigilant » (Le travail qui assure notre épanouissement est important à préconiser par nous humains une fois regardant sur le principe de la sagesse). « C'est bien travailleur qu'on s'oppose au malheur et non pas avec malheur cela dit l'erreur n'est pas préconisée pour fortifier la portée du travail » (Le travail nous profite là où nous nous accrochons à la lumière sinon la bonne manière de faire). « Même travailleur on essuie souvent les revers cela n'empêche il ne faut pas que les obstacles rencontrés dans la vie professionnelle entame notre détermination ouvrière à ne pas arriver à bout des défis en vue de réaliser au mieux notre conviction ouvrière » (Le travailleur réalise sa conviction ouvrière en renforçant sa morale face aux difficultés rencontrées sur la voie qui mène à son épanouissement). « La connaissance du travail s'opère à travers la connaissance de l'existence celui qui s'instruit bien dans la vie se renforce mieux dans l'existence puis s'améliore dans le travail » (L'amélioration de la condition de vie de l'individu dans le travail passe par une bonne connaissance du travail par ce dernier). « La vie ne se passe pas du travail, raison pour laquelle dans la vie rien n'avance sans travail aucun, le moteur du développement d'une vie réside dans la faculté pour l'individu à bien combattre l'erreur dans sa manière, mieux nous combattons l'erreur bien nous réussissons dans la vie » (La vie nous la réussissons en combattant l'erreur dans le temps et l'espace). « Développer la vie c'est participer au travail, celui qui ne néglige pas le travail ne néglige pas son existence avec dans le cadre où la suffisance dans l'existence passe par la confiance au travail » (La confiance au travail fait la suffisance dans l'existence). « Il est toujours temps de travailler dans la mesure où le travail est important pour vivre dans le temps, le travail s'impose à l'humain à jamais dans la vie pour qu'il vive certain : on est gagnant qu'en travaillant, pareillement on est vaillant qu'en travaillant » (L'individu vaillant travaille dans la vie). « Travailler ce n'est pas s'hasarder » (Le travail ne relève pas du fruit du hasard si nous le pensons sagement). « Au mieux le travailleur s'efforce contre l'erreur dans la mesure où le tort ne rend pas fort » (Le travailleur qui souhaite bien tirer profit de son travail s'évertue à combattre le tort). « Travailler, c'est veiller pour s'élever ; n'importe le sacrifice du travail il constitue une porte pour le mérite du bénéfice » (Le travail est une ouverture sur la porte du bénéfice avec les multiples sacrifices que nous consentions à sa réalisation). « L'important est de travailler pour s'assurer » (Le travail de l'assurance détermine l'importance dans l'existence). « Mieux vaut se déranger à se suffire dans son travail que de s'arranger à le fuir » (Il est sage de travailler d'abord pour sourire ensuite). « Mieux vaut souffrir pour jouir que de jouir pour souffrir, ainsi travailler c'est veiller, s'éveiller pour prospérer plutôt que flâner pour souffrir » (Le travail recommande bien de veiller pour s'épanouir plutôt que de fuir sa responsabilité pour souffrir). « Le travail est un combat, travailleur on est combattant de notre temps, de notre espoir du devoir dont le salut repose sur nos épaules à nous » (Le travail n'est autrement que l'expression d'un combat dont le combattant s'appelle travailleur par conséquent il doit s'évertuer à bien s'impliquer pour s'épanouir). « Travailleur on est veilleur ! » (Le travailleur veille pour son travail). « Veiller à travailler c'est sans nul doute veiller à s'émanciper » (Le travailleur s'évertue à s'émanciper dans le temps et l'espace). « Travailler est une chose, s'émanciper en est une autre, l'important n'est pas d'opérer mais mieux s'éclairer pour ensuite prospérer tout le défi autour du travail se passe par rapport à la qualité qu'il exprime, un travail intelligemment exécuté profite bien à l'essor du travailleur » (Le travail bien fait chemine sur l'essor du travailleur). « Faire son travail c'est s'assurer l'essor dans la vie, c'est dans l'intelligence qu'on arrive à tirer profit de notre implication ouvrière » (L'implication ouvrière qui nous profite vient de notre implication positive). « Le travail est un véritable moteur du changement pour le travailleur dans la vie, cela dit pour promouvoir un développement quelconque nous devons passer par la voie de l'effort sans doute qui renforce s'opposant au combine qui fainéantise » (Le travail nous réussit en bien s'opposant au combine qui fainéantise). « En quoi le fainéant se différencie-t-il du néant ? » (Le fainéant s'abaisse profondément).

L'HONNEUR ET LE DESHONNEUR

« Bien sûr que l'honneur est pour le lutteur ! » (L'honneur implique qu'on combatte). « Outre que la manière l'honneur se veut sincère » (L'honneur s'exprime dans la sincérité mieux qu'une simple manière de communiquer). « Pour l'honneur on est bien rêveur !». (L'honneur certain nous appelle à rêver en vue de s'épanouir). « Entre rêver de l'honneur et honorer son rêve la condition est bien de s'assumer » (L'important ne se résume seulement pas à rêver de l'honneur mais mieux à honorer son rêve). « Ce qui n'admet pas l'honneur compromet le bonheur » (L'honneur seul ne compromet pas le bonheur). « On ne peut pas ne pas promouvoir l'honneur sans pour autant avoir le bonheur » (Le bonheur se promet dans une certaine dimension à partir de l'honneur). « Si le déshonneur n'est pas exigeant par rapport à la manière c'est parce qu'elle est insuffisante comme repère raison pour laquelle à aimer ou pas le mal, à servir ou pas le mal une chose est sûre le mal ne nous aimera à rien puis ne nous servira à rien » (Le déshonneur n'est pas exigeant comme manière car elle est rabaissante et trompeuse). « La manière du déshonneur et de la faveur est la même qui s'incarne dans l'erreur » (L'erreur conduit au déshonneur). « Tant qu'on accepte d'offrir son cœur au déshonneur on peut bien sûr espérer se racheter un jour car si la volonté de changer ne nous manque pas en quoi l'ignorance n'est-elle pas corrigible pour l'humain sujet à l'erreur ?» (L'humain qui ne manque pas de volonté pour changer peut s'honorer dans le temps après un déshonneur vécu). « Dans le déshonneur certainement que nous vivions perdus surtout quand nous l'estimons en sa juste valeur raison pour laquelle l'homme honorable s'évertue à vivre raisonnable peu importe les sacrifices à consentir car pour lui c'est cela réussir quelque chose dans sa vie » (L'honneur est justement une réussite pour celui qui mesure le déshonneur en sa juste valeur). « Bien militaire nous vivons l'honneur non pas parce que nous abusons de la guerre mais plutôt parce que nous nous avisons dans la guerre » (L'honneur certain récompense la manière certaine d'agir chez l'individu). « Tenir à l'honneur c'est bien s'entretenir contre le déshonneur » (L'individu qui tient à l'essor de l'honneur s'entretient justement contre le déshonneur). « La cause de la lumière fait nettement la promotion de l'honneur » (Le bon sens est bien la cause qui renforce l'honneur dans un cœur). « L'honneur est notre affaire quand on ne souhaite pas se retrouver par terre dans la vie » (Bien s'entretenir dans la vie c'est être regardant par rapport aux principes de l'honneur). « Pour ne pas être empêché par le déshonneur alors on doit bien s'empêcher pour l'honneur, c'est parce que le déshonneur n'est rien pour qu'il ne nous empêche de rien pour vivre égaré, pareillement c'est parce que l'honneur est tout raison pour laquelle on y accède pas sans sacrifice certainement pas » (L'honneur se différencie du déshonneur tant dans l'approche que dans le résultat, l'esprit avisé doit savoir faire le bon choix malgré les sacrifices à consentir pour s'épanouir). « Connaitre l'honneur c'est bien connaitre le bonheur » (L'honneur promet le bonheur dans la vie). « Force à l'honneur farce au déshonneur » (La force est honorable tandis que la farce est déshonorable). « N'importe qu'il puisse plaire ou déplaire l'honneur rend exemplaire » (L'honneur rend exemplaire peu importe qu'il plaise ou déplaise). « On peut négliger l'honneur par derrière mais on ne doit pas le situer dans l'erreur » (L'honneur est la valeur lumière à ne pas minimiser pour bien avancer). « La face de l'honneur réside dans la force de la lumière » (La lumière à laquelle un honneur fait allusion elle tire sa force là-dedans !). « Comment ne peut-on nous pas être honorables dans la défense tout en défendant l'honneur ? » (Défendre l'honneur c'est être honorable dans sa défense). « Combattre le déshonneur c'est bien se battre pour l'honneur ! » (La guerre contre le déshonneur est sans ambiguïté pour l'essor de l'honneur). « Dans le sens où elle est erreur si le déshonneur ne nous empêche pas de faire la guerre elle nous appelle à se faire la guerre » (Le déshonneur nous interpelle à se faire la guerre plutôt qu'à faire sa guerre). « L'honneur du déshonneur est bien celui qui s'impose par l'erreur » (L'honneur s'imposant par la terreur n'a rien à envier au déshonneur). « La confiance en l'honneur outille davantage par rapport à la connaissance du déshonneur » (La connaissance du déshonneur nous la faisons partant d'une certaine confiance en l'honneur d'une part). « En retrait de l'honneur en retrait du nécessaire : être sincère c'est tout ce qu'il y a d'élémentaire pour s'ouvrir à la faveur » (La sincérité est bien élémentaire comme appui à la confiance honorable humaine). « La sincérité appelle à lutter pour s'honorer » (La liberté nous l'obtenons partant d'un engagement sincère). « On est bien honoré par une guerre dans laquelle on s'est fait sincère » (La qualité sincère du guerrier mérite bien l'honneur dans la vie). « Du fait que l'honneur ne mente pas alors pourquoi mentons-nous pour s'honorer ? » (Il faut s'honorer rien qu'en raisonnant et non pas en mentant). « Au cœur de l'honneur il y a bien un acteur de la guerre » (L'acteur de la guerre réside bien au cœur de l'honneur). « N'être pas à la cause du déshonneur c'est s'assumer bien au fait » (L'assurance dans la prise de responsabilité par l'individu lui enjoint de n'être pas à la cause du déshonneur dans la mesure du possible). « Le déshonneur ne nous fera pas gagner ce que l'honneur nous fait perdre » (Le déshonneur est un frein certain à l'honneur à son épanouissement). « Rêver est bien un honneur, pourvu qu'on soit éclairé et qu'on sache bien opérer à sa réalisation » (Le rêve est un honneur et travailler à sa réalisation nous magnifie beaucoup plus). « En tout honneur rêver c'est aussi se dépêcher lorsqu'on tâche à ne pas pécher, bien éclairé nous partons des idées pour arriver à la réalisation de nos projets » (Le rêve est bien nécessaire une fois salutaire pour booster la qualité de la performance humaine). « Le fait qu'on ait mal à s'honorer ne veut nullement pas dire qu'on s'honore pour le compte du mal dans la mesure où tout d'utile est difficile » (Le sacrifice conduisant à l'honneur n'est pas un mal en soi contre l'aboutissement de l'honneur en question). « Quand une manière est mise en cause une personne est mise en question avec la façon qu'il suive comme repère » (Notre honneur ou déshonneur partent de la référence que nous suivions dans la vie). « Arriver à bien comprendre l'honneur c'est justement connaitre quoi entreprendre pour vivre le bonheur, pour mieux préserver l'honneur et combattre le déshonneur d'abord comprenons-nous au juste » (La connaissance a toujours son mot à dire dans le processus de l'orientation de la vie humaine). « C'est mal connaitre l'honneur que de s'honorer à partir du mal » (La méconnaissance de l'honneur peut aussi pousser l'individu à s'honorer avec le mal). « L'honneur contient mieux le revers étant donné qu'il s'oppose à l'erreur puis concorde avec la faveur » (L'honneur concordant avec la faveur conduit au bonheur tout en nous préservant de l'échec). « C'est bien échouer dans sa manière que de tenir à l'échec comme manière » (Le déshonneur réside dans le fait de tenir à l'échec comme manière). « C'est bien échouer dans sa position que de tenir à l'illusion comme position » (La position de l'échec est une position perdante par rapport à la réussite). « Sans conteste la preuve de l'honneur s'atteste face à l'épreuve du déshonneur » (La preuve de l'honneur s'atteste face à l'épreuve du déshonneur). « Quand on n'est pas intelligent pour ne pas se tromper pareillement qu'on n'est pas intelligent pour ne pas apprendre » (L'intelligence c'est le bon sens comme référence). « Sans conteste la preuve de la connaissance s'atteste face à l'épreuve de l'ignorance » (La preuve de la connaissance s'atteste par rapport à l'épreuve de l'ignorance en vue de procurer de l'honneur). « Le charme de la connaissance réside dans la force de l'intelligence » (La connaissance est intelligence, l'intelligence est connaissance le tout est honneur). « Dans la mesure où l'honneur ne s'oppose pas au bonheur il s'oppose nettement avec bonheur » (L'honneur ne s'opposant pas au bonheur s'oppose avec bonheur). « L'honneur n'a autre manière qui ne saurait s'opposer au déshonneur, celui qui ne tient pas à nous voir heureux s'attaque à tout ce qui peut nous permettre de vivre honoré » (L'honneur certain mène au bonheur accompli). « Dans la mesure où l'intelligence n'est pas sans savoir certainement qu'il ne s'oppose pas au savoir » (L'intelligence ne s'oppose pas au savoir mais plutôt s'oppose avec savoir). « L'honneur c'est la faveur dans la manière ! » (L'honneur se traduit par la présence de la faveur dans la manière ; la bonne manière forge l'honneur certain). « Acceptable et responsable l'honorable est bien remarquable » (L'honneur est bien remarquable dans sa dimension). « L'honneur est bien une barrière contre la défaveur lorsqu'on accepte de le vivre avec manière, ne trichons pas face aux principes de l'honneur ainsi nous réussirons notre principe de la vie » (Le principe de l'honneur conduit à un principe de la vie honorable). « Le déshonneur ne construira point ce que l'honneur a détruit » (Le déshonneur ne détruit pas la marge de l'honneur). « Face au déshonneur, force est à l'honneur » (L'honneur détient une force tranquille face au déshonneur). « L'honneur est pour le sincère ! ». (L'honneur gratifie l'homme sincère).

CHAPITRE II

TITRE DE NIVEAU II

LA JUSTICE ET L'INJUSTICE

« Dans la vie on est souvent en retard sur la réalité cependant on ne met jamais la réalité en retard » (Nous sommes souvent en retard par rapport à la vérité sans qu'on ne mette la vérité en retard). « Celui qui ne se trompe pas de justice n'ignore certainement pas qu'on n'est pas juste pour tromper : autre qu'évidence est manquement dans la sentence » (La sentence se doit-être juste pour répondre à l'aspiration logique des humains). « On ne peut pas être juste et ne pas être sûr » (La justice incarne sûreté et l'exemplarité). « C'est bien cher d'être clair » (La justice incarne la cherté de la personnalité). « La justesse est l'assise de la sagesse luttant contre la bassesse, on ne peut pas vouloir la sagesse et puis se limiter à promouvoir la bassesse » (La maladresse est la référence de l'injustice). « Celui qui n'est pas juste dans sa fuite, fuit justement la justice » (L'individu a vocation à fuir l'état de droit n'étant pas droit dans son état). « Quand c'est bien juste c'est que ça profite plus » (La justesse est richesse dans le profit). « Celui qui ne se trompe pas de justice sait logiquement que l'injustice lui trompe, une fois clair de manière alors comment l'erreur peut-elle nous combler ? » (L'injustice ne comble pas l'esprit avisé). « Si la justice se nécessite c'est parce qu'elle rapporte plus » (La justice rapporte beaucoup plus à l'individu ainsi elle se nécessite à vie !). « C'est bien juste qu'on accomplit son but » (Nous accomplissons notre but en acceptant d'être juste de manière). « Pour pouvoir bien se justifier on doit savoir comment se soucier, le souci positif mène à la justice productive, la vie n'est qu'une question d'enjeu lequel se résout bien par l'individu qui situe bien sa responsabilité en adéquation avec sa personnalité » (La justesse dans l'analyse sociale nous permet de situer l'adéquation entre notre personnalité et le type d'enjeu qu'on a à résoudre dans le temps). « Ce n'est pas sans enjeu que la justice se dresse contre les dangers raison pour laquelle tout d'utile est difficile » (La difficulté de l'utilité montre logiquement que la justice est l'argument à même à faire face à nos soucis au mieux). « La cause de la justice est nettement la cause de la vie car l'épanouissement social tient à la justice sociale même s'il est difficile de tenir à la justice pour s'accomplir dans la vie cependant elle est la seule voie qui nous conduit, nous soutient sur la marge de la réussite durable par sa qualité raisonnable » (La justice a une qualité raisonnable qui nous permet de bien nous intéresser à la vie d'une manière intelligente). « Rien d'injuste ne nous profite » (Non recommandée en rien l'injustice ne nous profite). « Le refus de profiter peut également s'expliquer par celui de se justifier, celui qui profite bien se justifie bien » (Le profit est question de justice si nous l'améliorons positivement, ainsi pour pouvoir profiter de sa vie il faut savoir la justifier concrètement). « Là où la justice s'absente l'existence s'absente avec dans la mesure où l'existence est évidence et l'évidence est existence même si tout dans l'existence n'est pas qu'évidence » (Le côté justice ainsi que celui de l'injustice s'opposent dans l'existence ainsi on ne saurait parler de la vie d'une part comme nous la voyons sans parler de justice ainsi que de l'injustice). « Quand la justice ne nous arrange pas c'est qu'on ne s'arrange pas dans la mesure où la justice est vérité » (La justice c'est la vérité ainsi elle nous arrange à condition qu'on le sache). « Quand le bien ne nous dit rien c'est qu'on ne sait rien, on ne se dit rien cependant on marche sur une voie incertaine » (Quand on néglige le bon sens c'est à notre détriment et cela démontre la petitesse de notre capacité intellectuelle). « Une chose est d'appliquer la justice à autrui une autre est de s'auto-appliquer sans contrainte extérieure du tout ce qui nous amène à dire logiquement que la vraie justice ne se limite pas à pousser les autres à obéir aux lois mais plutôt à servir de modèle en ne fuyant pas le droit afin de promouvoir la cohésion juridique » (La cohésion juridique nous la promouvons en acceptant d'être modèle au même titre que tout un chacun par rapport à la justice en cachette tout comme en découvert cela se traduit par la vraie crainte de Dieu). « Autant on ne fuit pas la mort pour l'échapper pareillement on ne fuit pas la justice pour l'échapper si la justice est vérité le mieux pour la personnalité est de s'ouvrir à elle à temps avant qu'elle ne s'impose à lui dans le temps » (La justice s'impose à nous dans le temps quand on ne s'ouvre pas à elle à temps donc c'est mieux d'être juste pour s'éloigner des ennuis de l'injustice). « On accepte d'être injuste dès lors qu'on déclare la guerre à la justice en le sachant bien évidemment » (La justice appelle à s'opposer à l'injustice c'est tout). « Etant donné qu'elle ne s'oppose qu'au vice la justice n'est pas sans bénéfice » (Le bénéfice de la justice prouve clairement qu'elle s'assume à travers sa manière). « On ne croit pas à l'injustice quand on est juste dans sa croyance » (L'injustice est une voie erronée qui consiste à nuire à l'espérance humaine). « En quoi le mérite de la justice peut-il être l'égal de celui de l'injustice si la vérité n'est pas l'égale du mensonge, sans différence aucune nous ne saurons nullement pas parler de justice et d'injustice, le plus souvent lorsqu'on se fait juste c'est pour le bénéfice qu'on en tire pareillement quand on se fait injuste c'est pour pâtir ensuite » (La justice et l'injustice diffèrent de sens et d'importance nous profitons de la voie que nous suivions). « Une chose est de se dire juste même de se vouloir juste mais une autre est d'en être en réalité ce qui veut dire nettement qu'on n'est pas juste de nom mais plutôt de fait, plutôt que de la figuration la justesse s'accomplit dans la détermination » (Le cadre de la justesse s'accomplit dans la détermination et non pas le mensonge de la figuration). « L'injustice s'accroit partout où l'ignorance règne, pour promouvoir la justice ce qui demande de combattre l'injustice alors il faut savoir ce que l'injustice veut dire ? Puis de quelle conséquence pouvons-nous nous attendre en la suivant ? L'ignorant est bel et bien un frein pour l'état de droit pour l'épanouissement de la justice sociale » (L'ignorance constitue une barrière à l'amélioration de l'état de droit que la justice promeuve). « L'injustice n'abandonne pas celui qui ne déraisonne pas à sa rencontre la raison est la faculté qui nous permet de bien distinguer le bien du mal ainsi l'injustice à l'appui pour qu'on puisse ensuite choisir au mieux la voie de la suffisance incarnée par la justesse ce qui explique le fait que nullement le mal qu'engendre l'injustice ne surprend pas celui qui raisonne en face d'une situation injuste ce qui nous permet de ne pas mettre les pieds devant la tête » (La faculté de bien juger, de faire la part des choses est bien nécessaire pour distinguer le mal du bien donc la justice de l'injustice). « La vie c'est la vie, la justice la régule de ce fait ce qui ne nuit pas à la vie profite à la justice pareillement ce sur quoi s'appuie la justice favorise la vie » (La vie s'épanouit dans la justice). « La justice ne déshonore pas celui qui ne se déshonore pas tout est utile en la justice raison pour laquelle elle est bonne et certaine nous par conséquent de fournir des efforts vains » (La justice nous aide à ne pas fournir des efforts vains). « L'injustice de plus est synonyme de justice de moins partout où recule la justice avance l'injustice s'acharne le désarroi » (L'injustice profite toujours du recul de la justice pour s'implanter). « Quand on n'aborde pas l'existence avec négligence bien sûr qu'on s'éloigne du non-sens comme référence la concernant » (L'ignorance n'est nullement pas un appui certain à la promotion du développement humain). « Faire justice et se faire justice cela fait deux on doit nettement s'arranger derrière la raison de la justice que de vouloir compromettre sa raison en la justice celui qui se fait justice compromet sa raison en la justice plutôt que de la promettre » (La conduite qui consiste à se faire justice au-delà de la justice rationnelle contribue à compromettre sa raison à la justice). « La juste mesure de la vie est fonction de l'ouverture de l'humain en la justice c'est cela la droiture, le baromètre des circonstances vitales quelles qu'elles soient passe par la compréhension de la raison ce qui débouche sur la justification d'une compréhension » (Le besoin de justice est justement un besoin primordial pour bien vivre). « Là où s'arrête la sagesse d'un Homme s'arrête sa justesse » (La justesse nous la manifestons en fonction de la sagesse). « L'injustice veut tout dire pour celui qui ne veut rien se dire en fuyant la justice n'oubliant également pas ce qu'elle représente, on ne peut que s'avilir en ne faisant que mentir et se mentir » (L'individu qui persiste sur le chemin injuste met son avenir en danger). « Celui qui ne défend pas la justice ne se défend pas en réalité car elle est le seul creuset de l'épanouissement de l'humain, on n'avance pas sans évidence quand on n'avance pas contre l'évidence » (La justice nous la promouvons en se faisant juste et non pas en prenant un chemin contraire à sa réussite). « Tout est juste chez juste raison pour laquelle la justice suffit en tout » (La justice se dressant contre le manquement est parfaite de sens). « L'avantage de la justice est toujours à l'avantage du justiciable pourvu qu'il soit raisonnable pour le comprendre » (La justice est un remède pour le justiciable qui le sait). « La justice de tous les dangers ne s'opposent à aucun danger quand elle se manifeste avec lacune c'est qu'on se trompe de justice et non pas la justice ne nous trompe, donc la justice n'est autre que précision au-delà de toute appellation » (La précision est l'élément moteur de la justice dans toutes les circonstances). « La justice n'exclut pas la réussite raison pour laquelle il n'y a pas de réussite sans justice aucune, que de lacune à l'absence de la justice parce qu'on hallucine » (La justice a toujours été un soutien utile à l'épanouissement de l'humain). « C'est bien juste qu'on en profite » (Le profit certain nous l'obtenons dans la justice). « Mieux l'on est juste plus on se maitrise » (La justesse est l'assise de la maitrise humaine). « Ce à quoi s'oppose la justice s'oppose le bénéfice avec pour qu'on profite au mieux sachons d'abord bien se comporter en étant juste dans sa démarche » (Celui qui se comporte bien dans sa démarche cultive en soi la voie de la justice). « La justice est importante, l'important est juste » (Nous atteignons l'importance partant de la justesse dans la manière). « La connaissance de la justice nous éclaire sur la justesse de la connaissance en rien la connaissance n'appelle à l'ignorance ainsi la justice n'encourage à l'ignorance » (La connaissance joue un rôle important dans l'amélioration de la connaissance humaine). « Aimer la justice c'est s'aider pour réussir » (La justice aide à réussir). « Le combat pour la justice est bien sûr un combat de tous les jours » (La justice nous l'épargnons en combattant tous les jours car les acquis juridiques s'obtiennent par un engagement à longue durée). « Chez clair tout est élémentaire raison pour laquelle la justice est bénéfice » (Le bénéfice est dans la justice dans la mesure où la valeur est élémentaire dans la clarté). « Le combat pour la vérité ne se mène pas contre la vérité pareillement le combat pour la justice ne se mène pas contre la justice de ce fait il est impossible de promouvoir la justice et l'injustice à la fois » (La justice ne se promeut pas avec l'injustice à la fois donc il faut démarquer sa position). « La justice n'a autre assise que celle de la franchise raison pour laquelle autre que franchise est manquement dans la justice tant dans l'analyse » (La justice se base sur la franchise). « Quand on ne comprend pas la justice c'est qu'on ne se comprend pas au juste » (Le bon sens nous permet de bien comprendre la justice). « Comment peut-on se justifier sans pour autant s'identifier ? La justice n'a point d'avenir là où la connaissance n'est pas prise en compte, pour rendre justice sachons faire la part des choses, apprenons, comprenons, raisonnons ainsi partageons » (La connaissance est une assise indiscutable du processus judiciaire). « Le juste a connaissance que la justice est connaissance » (L'individu juste n'ignore pas la coloration hautement intellectuelle de la justice partant de son orientation). « D'abord sachons bien juger en vue de bien diffuser, la bonne diffusion passe par le bon jugement, dans la mesure où c'est dans le raisonnement que se situe le jugement certain, celui qui raisonne mal, hallucine donc ne juge pas sans lacune aucune » (Le bon jugement est un réflexe certain nécessaire à l'aboutissement de la cause humaine). « En manque de raisonnement certainement que le jugement nous cause du désagrément » (Le jugement qui cause du désagrément est nettement fait en manque de raisonnement). « Le constat est bien nécessaire à l'entame de tout jugement pour qu'il puisse nous servir d'argument bien sûr parlant du jugement assurons nous qu'il ne nous mente pas » (Le jugement capable de nous éclairer ne doit nullement pas nous mentir). « Plutôt qu'une course de vitesse la justice est une épreuve de sagesse, pour rendre justice la précipitation conduit généralement à l'illusion, raison pour laquelle il convient certainement de bien se ressaisir en vue de savoir comment s'y tenir pour réussir sa démarche » (La tenue, le comportement compte pour bien se justifier dans la vie, raison pour laquelle il faut savoir bien se tenir pour émettre un jugement certain). « Ce qui ne convient pas à la justice c'est ce qui n'est pas bien comme bénéfice » (La justice s'oppose bien à ce qui n'est pas bien à profiter). « Jurer ne signifie forcément pas juger » (L'individu peut bien jurer sans pour autant juger). « Le juge n'est normalement pas celui qui ne se trompe pas de justice mais celui qui ne se sert pas de la justice pour tromper » (Le juge n'étant pas parfait peut se tromper sur la sentence à donner). « Ce n'est jamais raisonné que juger fait ruiner, quand la justice pose problème c'est qu'elle se manifeste en faux plutôt que comme il le faut » (La justice qui ne fait pas défaut ne se manifeste pas en faux, plutôt comme il le faut). « Rien n'est indécise dans la justice après avoir clarifié sa position elle nous ouvre la voie à la précision » (La justice mène à la précision une fois claire de manière). « La manière de la justice c'est la faveur dans le bénéfice, bien réussie on ne juge pas pour s'empêcher mais plutôt pour avancer » (La justice n'est pas un frein à l'avancement humain une fois bien pensée).

L'AMOUR ET LE DESAMOUR

« A moins qu'on ignore quoi aimer ou qui aimer l'amoureux ne peut qu'être heureux » (L'amoureux est bienheureux s'il n'ignore pas quoi aimer). « Aimer c'est se compléter » (L'amour demande aussi et surtout l'ouverture et le don de soi pour l'expression de la complémentarité). « Si l'amour ne fait rien c'est que l'amour n'est rien, c'est parce que l'amour compte raison pour laquelle il comble ou déchante en fonction de la manière dont nous le vivons » (L'amour constitue une entrave ou un appui par rapport à la façon dont nous le vivons). « Pour combler son désir l'amoureux s'est bien se débrouiller » (Nous venons en aide, consentons des sacrifices à la cause que nous portions dans le cœur une fois amoureux). « Pourvu qu'on soit amoureux, l'amour n'est jamais pour qu'on n'en puisse pas faire de son mieux afin qu'il soit fructueux » (L'amour fructueux détermine la nécessité de s'impliquer afin qu'il réussisse durant toutes les épreuves dans la mesure du possible). « On ne s'attache pas à l'amour pour que l'amour nous détache à son tour raison pour laquelle l'amour et le désamour ne font pas bon ménage » (L'amour et le désamour ne font pas bon ménage dans la vie dans la mesure où le désamour ne profite pas à l'essor de l'amour). « L'amour est secours » (L'amour ne marche pas sans secours aucun). « On ne s'attache pas à l'amour pour être détaché par le désamour raison pour laquelle, une fois amoureux on évite de poser les actes qui vont à l'encontre de la cohésion dans l'amour » (L'amoureux s'attache généralement à faire des choses utiles à la prospérité de l'amour le plus souvent). « Comment l'amour peut ne pas être important ne s'opposant en rien d'important, une fois gagnant l'amour est bien important, il importe logiquement d'entretenir l'amour qui ne nous joue pas de tour » (L'amour utile est bon à sauvegarder). « L'amour est une chance si l'amoureux n'est pas sans conscience » (Dans la conscience l'amour est suffisance). « A moins qu'il ne nous pose problème en quoi l'amour est-il un problème dans la mesure où vivant on ne peut pas ne pas aimer, alors aimer pour s'aider, aimer pour s'éclairer est le meilleur de l'amour » (La capacité pour l'individu de savoir bien justifier son amour lui permet de le réussir car nous sommes contraints d'aimer). « Même amoureux on est souvent malheureux, l'amour ne rend pas heureux celui qui ne le vit pas sagement, l'amour qui s'oppose au désagrément s'assume dans le raisonnement » (L'amour bien orienté prévient du vice du désenchantement, le cas échéant expose). « Le désamour n'est forcément pas une question de malchance une fois bien justifiée tout n'est pas à aimer quand on sait quoi aimer » (Il est utile de ne pas tout aimer quand on apprécie l'amour en sa juste valeur). « L'amour est un combat il faut-être amoureux pour ne pas dire le contraire ! » (L'amour s'entretient partant d'un effort intense, l'amoureux le sait bien). « Ce qui s'opère par amour s'opère sans détour » (L'amour s'opère à l'encontre du détour). « Le désamour nous conseille ce que l'amour nous déconseille au juste » (L'amour n'est nullement pas pareil au désamour). « C'est sagement amoureux qu'on est mesuré » (L'individu mesuré est sagement amoureux). « C'est bien amoureux qu'on est assisté » (Celui qui aime bien assiste bien). « La cause de l'amour est nettement différente de celle du désamour raison pour laquelle l'amour n'est pas le désamour et le désamour non plus n'est pas l'amour » (La différence est bien réelle entre l'amour et le désamour). « Comment promouvoir l'amour sans pour autant savoir le désamour : la bonne promotion de l'amour passe tout d'abord par une connaissance approfondie du désamour » (Le désamour bien compris conduit à l'amour certain). « La vraie preuve d'amour ne s'atteste qu'à l'épreuve du désamour » (L'amour sincère s'atteste à l'épreuve du désamour). « L'amour n'est seulement pas d'aimer ou de se faire aimer mais plutôt d'aider pour se faire aider, qui aime bien déteste bien » (La sûreté dans l'amour se manifeste par la même sûreté dans le désamour). « Quand on sait comment s'y prendre certainement qu'on opère à se faire aimer, aider pour réaliser ses rêves dans la mesure du possible » (La possibilité pour l'individu de réaliser ses rêves passe par son intelligence à faire la part des choses en s'appropriant bien de la connaissance requise pour s'épanouir). « L'amour n'engendre point de perte partout où le désamour n'engendre pas le gain, raisonnons et puis aimons ainsi nous gagnons » (La raison couplée à l'amour fait gagner l'humain). « Les bonnes causes ne méritent pas qu'on prenne de pause pour leur réalisation si non nécessaire » (La réalisation d'une bonne cause est utile à notre émancipation faisons la sans pause non nécessaire). « Aimer c'est aussi s'émanciper » (L'amour demande l'émancipation). « Le bienaimé n'est pas maltraité » (Ce qu'on aime bien mérite notre bienveillance). « Il n'y en rien d'important qui ne puisse pas être aimant pour l'humain évident » (L'humain intelligent, est sagement amoureux). « C'est bien amoureux qu'on est assuré, bien jugé l'amour ne fait qu'assurer » (L'amour rassure certainement bien jugé). « Plus on est aimé, plus on est compté, mieux on est accepté » (L'individu aimé est bien accepté). « Aimer est une force quand il s'oppose à la farce » (L'amour est une force lorsqu'il s'oppose à la farce comme manière). « Quand on ne contrôle pas l'amour vivement qu'il nous contrôle » (L'amour contrôle celui qui ne le contrôle pas). « Quand l'amour nous trompe le désamour nous comble » (L'amour erroné se corrige par un désamour certain). « C'est bien clé d'être amoureux et éclairé » (L'amoureux éclairé ; vit sa passion avec logique). « Quand la vérité est aimée tout est aimé dans la mesure où elle est l'ultime voie qui nous conduit au salut » (La vérité est la voie conduisant au salut, de ce fait l'aimer c'est s'assumer). « Aimer c'est s'assumer, on ne peut pas ne pas aimer et puis ne pas aider, coopérer pour réaliser quand l'amour est bien réel certainement il doit se différencier du désamour » (L'amour sincère se dissocie du désamour). « Après avoir déclaré l'amour au mal il est normal que le mal fasse mal, on ne tombe pas amoureux du mal pour vivre heureux dans sa passion » (Mal dirigé l'amour nuit). « L'amour a souvent un temps raison pour laquelle le désamour peut s'installer dans le temps » (L'amour qui ne résiste pas à l'épreuve du temps vire au désamour). « On ne se dérange pas pour aimer, quand on n'aime pas ce qui nous dérange ainsi on se donne du plaisir à souffrir pour ce qui nous fait plaisir » (Nous nous sacrifions par amour pour ce qui nous fait plaisir). « L'amour n'est pas que plaisir mais également il nous fait souffrir et bien réfléchir en vue d'arriver à réaliser notre épanouissement si nous l'orientons bien » (L'amour bien orienté nous permet de bien s'épanouir dans le temps et l'espace). « Quand l'amour est sérieux c'est que le désamour est malheureux » (L'amour sérieux passe par un désamour déraisonné, si l'amour vaut le coût alors renforçons le).

LA REUSSITE ET L'ECHEC

« L'important n'est pas de vouloir la réussite mais plutôt de réussir son vouloir » (Le savoir fait la beauté de la réussite). « Comment peut-on réussir sans pour autant s'investir, la réussite n'est seulement pas qu'une question d'investissement mais mieux d'accomplissement dans le raisonnement » (L'accomplissement dans le raisonnement traduit mieux la question de la réussite). « Quand la vérité ne réussit pas alors on se demande ce qui réussira, quand le mensonge fait réussir c'est pour ensuite détruire, celui qui tient à la réussite intelligente se fait évident dans l'existence » (L'évidence dans l'existence nous permet de mieux s'assumer dans sa réussite). « La réussite ne demande pas qu'on évite ce qui se nécessite pour s'assurer la dépendance mais plutôt de s'assurer contre la dépendance » (L'individu éclairé s'assure contre la dépendance partant de la réussite). « La réussite est l'aboutissement du mérite » (L'aboutissement du mérite sanctionne la réussite). « Il faut-être sûr pour réussir » (La maturité est l'assise de la réussite certaine). « Comment normalement la réussite peut-elle être un problème, si la solution ne conduit pas à l'échec ? La réussite mal pensée se conclut à un échec » (La réussite mal pensée conduit à l'échec). « Quand la réussite ne nous dit rien certainement que la vie ne nous dise rien pareillement dans la mesure où peu importe la manière dont nous vivons ou pensons la réussite nous nous accomplissons à la réussir et cela en ne prenant pas la réussite comme rien » (La vie s'assume par rapport à la quête de la satisfaction guidée par la réussite). « L'échec est cher ainsi il n'est pas ce qu'on recherche, à moins qu'on se trompe sur l'échec on n'échoue pas pour se combler » (L'humain qui ne se trompe pas d'échec n'échoue pas pour se combler). « L'ignorant fuit l'échec pour ne pas l'échapper, ignorant que l'échec est ignorance, l'ignorance est échec » (L'échec conduit à l'ignorance, la démarche entreprise par l'ignorant ne l'aide nullement pas à s'épanouir). « Le mérite de la réussite est bien pour l'élite » (L'élite tient bien au mérite de la réussite). « On ne compte pas sur la réussite pour ne pas réussir son compte ainsi si la réussite n'a autre but que d'assurer le salut de l'humain, mieux vaut s'instruire d'abord et puis s'investir ensuite de ce fait l'effort est assez précieux pour que nous le dépensions à tort car n'assurant pas le confort » (La réussite certaine se veut positif pour l'humain). « C'est bien contre la chance qu'on a la malchance de réussir » (La réussite est une chance normalement si nous la pensons dans le bon sens dans le cas contraire quand le non-sens nous sourit en terme de réussite c'est pour ensuite pleurer). « Seul le mérite fait la réussite » (Le mérite forge la réussite). « Le mérite c'est la lutte » (Nous luttons pour le mérite). « On ne peut pas se passer de la réussite en vue d'avancer dans son mérite » (La réussite seule fait avancer dans le mérite). « Quand la réussite est en question certainement que la stabilité l'est avec car pour réussir il faut savoir bien s'investir » (L'investissement conséquent fait la réussite certaine). « Rien de bien ne demeure un frein pour la culture de la réussite car la droiture profite bien à l'ouverture » (L'ouverture de la réussite est dans la culture du bien par l'humain fais toi bon ainsi tu t'épanouiras). « La meilleure manière de bien réussir est de ne pas être un frein pour la réussite du bien » (La réussite du bien permet positivement à l'humain de rationaliser sa réussite). « Parlant de la réussite elle est bien un édifice qui ne se conçoit pas sans sacrifice » (La réussite est bien un édifice qui se conçoit dans le sacrifice utile). « Sur le chemin de la délivrance il est souvent utile que la solution pose problème toutefois s'il s'oppose et non pas ne se propose comme problème » (La solution efficace demande souvent un engagement sacrificiel de l'humain pour l'atteindre). « Logiquement la réussite s'acquière pourvu qu'on soit clair » (La réussite nous la vivons en étant clair dans sa dynamique et cela diversement sachant nettement que la sagesse est une richesse). « Quand on échoue à faire du mal cela peut être appelé un bon échec, l'échec qui débouche sur la réussite se mérite clairement » (L'échec se mérite clairement lorsqu'il nous permet de ne pas s'auto-nuire). « Pour parfaire la réussite il faut bien défaire l'échec, cela dit ce qui profite à l'essor de la réussite nuit au confort de l'échec » (L'échec se combat dans l'intelligence active contre l'illusion dans la manière). « On ne combat pas l'échec pour échouer à combattre » (L'échec ne se combat pas pour échouer à combattre; pour que le combat débouche sur la réussite). « Par rapport à la suffisance le bon sens est assurance » (Le bon sens permet bien d'atteindre la réussite). « Une chose est sûre c'est que la droiture est sûre et ouverture ainsi elle nous rassure » (La droiture rassure en terme d'ouverture). « A quoi bon avoir peur de souffrir quand on n'a pas peur de réussir ? » (La souffrance est un pan de l'aisance donc elle nous permet de réussir si nécessaire). « La victoire n'exclut pas la gloire à condition qu'on s'assume avec savoir » (L'individu qui s'assume avec savoir réussit à promouvoir sa gloire). « Comment peut-on ne pas avoir la gloire quand on ne se fait pas avoir dans son savoir ? Tandis que le sage fuit l'honneur pour ne pas l'échapper cependant l'ignorant le poursuit pour ne pas l'avoir » (La connaissance fait la gloire et l'espoir pour l'individu). « Rêver de la réussite ce n'est forcément pas réussir son rêve » (La réussite du rêve ne signifie forcément le rêve de la réussite). « Rêver c'est s'aider pour réussir » (Le rêve demande de l'aide pour s'épanouir). « La réussite ne se conçoit pas en s'agrippant à la solution plutôt en s'assumant face au problème » (La réussite demande bien de s'assumer comme il se doit face au problème). « La réussite posera toujours problème aussi longtemps qu'on refusera la soumission à l'échec en ce moment on fait face à l'hostilité » (La réussite pose problème à celui qui s'oppose à la soumission à l'échec comme solution demandant à l'individu de bien s'assumer). « Justement qu'il ne s'oppose pas pour réussir, c'est précis que l'échec s'oppose à la réussite » (L'échec s'oppose à la réussite ne s'opposant pour réussir). « La preuve de la réussite passe par l'épreuve du mérite » (L'épreuve du mérite forge la preuve de la réussite). «

LA PAIX ET LA GUERRE

« Mieux que de s'accrocher à la guerre pour rapprocher les cœurs il faut s'accorder contre l'erreur » (La justice permet de rapprocher dignement le cœur des humains que nous sommes). « Ce n'est pas forcément vivant qu'on est franc » (La vie n'explique forcément pas la franchise du comportement du vivant). « Dans la vie, on n'est pas forcément d'avis mais on se retrouve autour de l'essentiel qui nous détermine d'une part qui fait de nous des corps animés » (Les individus se retrouvent au cœur de l'essentiel qui est la vie animée). « Celui qui se trompe de vie se trompe de guerre avec car la vie que nous menions détermine la guerre que nous faisions ce qui nous impacte à jamais » (La vie de l'individu est fonction de la guerre qu'il mène dans le temps et l'espace). « On déclare la guerre à la paix dès lors que nous n'estimons pas la paix en sa juste valeur, on ne peut pas tenir à la paix et ne pas s'instruire en fait ce sans quoi on n'arrive pas à faire la paix est tout sauf rien, celui qui souhaite faire la paix se fait clair dans sa manière » (La clarté dans la manière est le chemin approprié pour faire la paix). « Le droit à la paix explique la paix du droit » (La paix du droit ainsi que le droit à la paix explique la nécessité de s'épanouir pacifiquement dans la vie). « Quand la guerre ne nous dérange pas en quoi la paix peut-elle nous arranger ? Celui qui a intérêt à ce qu'il ait la guerre, s'intéresse à compromettre la paix » (Le soutien à la guerre ou à la paix chez l'individu est fonction de l'intérêt qu'il tire de son orientation). « Pour atteindre la paix du cœur, n'ayons pas le cœur contre la paix, promouvoir la paix c'est savoir ce qui va avec » (La bonne promotion de la paix passe par la compréhension de ce qui va avec). « Pour pacifier une situation sachons d'abord bien la situer » (La pacification d'une cause demande notre aptitude à bien la situer). « La paix est une nécessité qui émane de la vérité, soyons véridique ainsi nous vivons pacifique » (La paix est l'élan de la vérité). « Celui qui ne se sait pas acteur de la guerre ne contribue pas à faire la paix ; on ne peut pas ne pas pacifier une situation sans pour autant savoir bien se mettre en question si nécessaire cela est bien élémentaire pour éviter ou remédier une situation de crise reconnaitre son erreur en vue d'aller de l'avant » (La reconnaissance de son erreur par l'individu est un pas en avant dans le cadre de la promotion de la paix universelle). « On ne peut pas se plaire dans la paix et se déplaire dans la guerre dans la mesure où la paix est une guerre cela dit nous ne saurons nullement pas promouvoir la paix en ne faisant pas la guerre qui va avec » (La guerre certaine marche avec la paix). « Quand la paix est sincère elle est juste totale, c'est avec le cœur clair que nous faisions la paix sinon nous nous mentons la concernant » (La paix certaine nous la faisons avec évidence en bien ouvrant son cœur pour s'épanouir). « Derrière toute initiative de paix se cache l'espoir de vaincre la guerre » (La volonté de vaincre la guerre explique logiquement l'initiative de faire la paix). « Une guerre réussie est une paix accomplie dans la mesure où l'on ne combat pas à tort nous combattons le tort » (L'espoir de combattre le tort permet de faire la paix). « La paix se nécessite et se nécessitera aussi longtemps que la guerre nous divise, nous divisera c'est parce que la différence est une réalité que la paix nécessite une guerre à l'encontre de la guerre qui promet la cohésion » (La paix nécessite la guerre qui va à l'encontre de la guerre déstabilisatrice). « Aussi longtemps que l'existence ne manquera pas d'importance la paix importera à suffisance » (La paix importe l'individu à suffisance). « La guerre c'est aussi un dépassement de soi produisant un dépassement en choix ; la différence dans le rendement est fonction de la différence dans l'investissement et cela en s'engageant » (L'engagement permet à l'individu de promouvoir un dépassement de soi concluant à un dépassement de choix). « Celui qui décide de vivre en paix décide de vivre contre la guerre, en faisant sa guerre et non pas en se faisant la guerre dans la logique où nous ne pouvons nullement pas vivre sans combattre, tant qu'on a un cœur on ne peut pas ne pas manquer de quoi aimer puis détester ainsi l'on se bat pour et contre bien sûr une cause » (La guerre est une imposition naturelle à l'humain de bien s'assumer). « Nullement la peur de la guerre n'arrive à bout de la guerre contre la perte, celui qui combat défait ne combat pas la défaite mais la victoire oui, apprendre et comprendre d'abord et puis combattre ensuite » (Le combat qui mène à notre victoire est un combat instructif, positif qui ne s'oppose pas à notre intérêt cohérent). « Etre c'est combattre » (L'existence répond à une dynamique combative de l'humain). « Stable on est responsable » (Dans la vie la paix émane de la stabilité de l'individu responsable surtout mentalement). « Capable et raisonnable est dignement responsable par rapport à ce qui fait notre force car on est fort qu'en comptant sur un effort quelconque cela dit tout effort menant à la paix s'oppose à un tort concluant à la guerre » (L'effort pacifique recommande la positivité de l'acteur). « La paix est bien une chance pourvu qu'on l'atteigne dans la conscience, la paix qui se pense sagement nous protège au mieux des désagréments de la vie, nous ne souhaitons pas vivre une paix qui n'a rien à envier à la guerre dans ce cas la paix sera ratée » (La paix réussie ne se fait qu'à l'encontre de la guerre). « Ce qui ne se combat pas à tort ne se combat pas avec le tort mais plutôt à son encontre oui » (La guerre que nous menions contre l'injustice débouche sur une paix certaine avec l'appui de Dieu). « Quand on a foi en la paix c'est qu'on a droit à la guerre, faire sa guerre et non pas se faire la guerre, c'est bien s'attirer la faveur de la paix » (La paix nous l'obtenons en faisant sa guerre et non pas en se faisant la guerre). « Comment peut-on avoir la paix sans savoir la guerre, pour avoir la paix il faut savoir mener le combat qui va avec » (Le combat qui promet la paix s'oppose mieux à la guerre). « On a droit à la guerre, quand on ne combat pas son droit » (Le droit certain à la guerre de la part de l'individu lui permet de ne pas combattre à tort ce qui lui renforce). « Le combat que nous menions explique le constat que nous faisions » (Notre engagement militaire est fonction de notre constat spirituel). « Se plaire dans la guerre c'est aussi bien cela être un militaire ! » (Le militaire se plait dans la guerre quand cela est utile). « Même militaire on doit se parfaire » (Etre militaire ne nous donne forcément pas la victoire d'une guerre on doit se parfaire ainsi parfaire sa manière de combattre pour atteindre la réussite visée). « On est militaire que de guerre ! » (Le militaire se bat à la fois pour instaurer et préserver la paix). « Le militaire doit bien protéger sa terre, ainsi son cœur explique sa guerre pour l'honneur n'oubliant pas la manière à laquelle il se réclame » (Le cœur du militaire soutient la guerre de celui-ci pour l'honneur combiné à son attachement à un esprit sincère certain). « Penser à la réussite puis réussir dans sa pensée cela fait deux » (La pensée à la réussite puis la réussite dans sa pensée par l'individu cela fait deux). « C'est justement en comptant sur l'espoir qu'on réussisse face au désespoir, mieux en n'écartant pas le savoir pour pouvoir mieux croire à la réalisation de ce qui nous préoccupe » (La réalisation de nos projets passe par l'espoir éclairé dans la vie). « On ne peut pas ne pas vouloir de la réussite et puis fuir le mérite celui qui est prêt à réussir s'apprête à souffrir » (La réalisation de la réussite inclut bien la bonne compréhension de la démarche opérationnelle qui la façonne). « Une fois qu'on détourne sa face au mérite on ne sait plus que faire face à une preuve de plus pour dire que la réussite c'est le mérite » (La réussite c'est le mérite se détourner de la bonne voie de la réussite c'est tomber dans le gouffre de l'échec).

Printed by Books on Demand GmbH, Norderstedt / Germany